古堂歌

湘西苗族民间传统文化丛书

【第二辑】

石寿贵 ◎ 编

中南大学出版社

出版说明

罗康隆

　　少数民族文化是中华民族宝贵的文化遗产，是中华文化的重要组成部分，是各民族在几千年历史发展进程中创造的重要文明成果，具有丰富的内涵。搜集、整理、出版少数民族文化丛书，不仅可以为学术研究提供真实可靠的文献资料，同时对继承和发扬各民族的优秀传统文化，振奋民族精神，增强民族团结，促进各民族的发展繁荣，意义深远。随着全球化趋势的加强和现代化进程的加快，我国的文化生态发生了巨大变化，非物质文化遗产受到越来越大的冲击。一些文化遗产正在不断消失，许多传统技艺濒临消亡，大量有历史、文化价值的珍贵实物与资料遭到毁弃或流失境外。加强我国非物质文化遗产的保护已经刻不容缓。

　　苗族是中华民族大家庭中较古老的民族之一，是一个历史悠久且文化内涵独特的民族，也是一个久经磨难的民族。纵观其发展历史，是一个不断迁徙与适应新环境的历史发展过程，也是一个不断改变旧生活环境、适应新生活环境的发展历程。迁徙与适应是苗族命运的历史发展主线，也是造就苗族独特传统文化与坚韧民族精神的起源。由于苗族没有自己独立的文字，其千百年来的历史和精神都是通过苗族文化得以代代相传的。苗族传统文化在发展的过程中经历的巨大的历史社会变迁，在一定程度上影响了苗族传统文化原生态保存，这也就使对苗族传统文化的抢救成了一个迫切问题。在实际情况中，其文化特色也是十分丰富生动的。一方面，苗族人民的口头文学是极其发达的，比如内容繁多的传说与民族古歌，是苗族人民世世代代的生存、奋斗、探索的总结，更是苗族人民生活的百科全书。苗族的大量民间传说也是苗族民间文学的重要组成部分，它所蕴含的理论价值体系是深深植入苗族社会的生产、生活中的。另一方面，苗族文化中的象形符号文化也是极其发达的，这些符号成功地传递了苗族文化的信息，从而形成了苗族文化体系的又一特点。苗族人民的生活实践也是苗族传统文化产生的又一来源，形成了一整套的文化生成与执行系统，使苗族人民的文化认同感和族群意识凸显。传统文化存在的意义是一种文化多元性与文化生态多样性的有机结合，对苗族文化的保护，首先就要涉及对苗族民间传统文化的保护。

《湘西苗族民间传统文化丛书》立足苗族东部方言区，从该方言区苗族民间传统文化的原生性出发，聚焦该方言区苗族的独特文化符号，忠实地记录了该方言区苗族的文化事实，着力呈现该方言区苗族的生态、生计与生命形态，揭示出该方言区苗族的生态空间、生产空间、生活空间与苗族文化的相互作用关系。

本套丛书的出版将会对湘西苗族民间传统文化艺术的抢救和保护工作提供指导，也会为民间传统文化艺术的学术理论研究提供有益的帮助，促进民间艺术传习进入学术体系，朝着高等研究体系群整合研究方向发展；其出版将会成为铸牢中华民族共同体意识的文化互鉴素材，成为我国乡村振兴在湘西地区落实的文化素材，成为人类学、民族学、社会学、民俗学等学科在湘西地区的研究素材，成为我国非物质文化遗产——苗族巴代文化遗产保护的宝库。

（作者系吉首大学历史与文化学院院长、湖南省苗学学会第四届会长）

总　序

刘昌刚

　　苗族是一个古老的民族，也是一个世界性的民族。据 2010 年第六次全国人口普查统计，我国苗族有 940 余万人，主要分布在贵州、湖南、云南、四川、广西、湖北、重庆、海南等省区市；国外苗族约有 300 万人，主要分布于越南、老挝、泰国、缅甸、美国、法国、澳大利亚等国家。

一

　　《苗族通史》导论记载：苗族，自古以来，无论是在文臣武将、史官学子的奏章、军录和史、志、考中，还是在游侠商贾、墨客骚人的纪行、见闻和辞、赋、诗里，都被当成一个神秘的"族群"，或贬或褒。在中国历史的悠悠长河中，苗族似一江春水时涨时落，如梦幻仙境时隐时现，整个苗疆，就像一本无字文书，天机不泄。在苗族人生活的大花园中，有着宛如仙境的武陵山、缙云山、梵净山、织金洞、九龙洞以及花果山水帘洞似的黄果树大瀑布等天工杰作；在苗族的民间故事里，有着极古老的蝴蝶妈妈、枫树娘娘、竹简兄弟、花莲姐妹等类似阿凡提的美丽传说；在苗族的族群里，嫡传着槃瓠（即盘瓠）后世、三苗五族、夜郎子民、楚国臣工；在苗族的习尚中，保留着八卦占卜、易经卜算、古傩祭祀、老君法令和至今仍盛行着的苗父医方、道陵巫术、三峰苗拳……在这个盛产文化精英的民族中，走出了蓝玉、沐英、王宪章等声震全国的名将，还诞生了熊希龄、滕代远、沈从文等政治家、文学家、教育家。闻一多在《伏羲考》一文中认为延维或委蛇指伏羲，是南方苗之神。远古时期居住在东南方的人统称为夷，伏羲是古代夷部落的大首领。苗族人民中确实流传着伏羲和女娲的传说，清初陆次云的《峒溪纤志》载："苗人腊祭曰报草。祭用巫，设女娲、伏羲位。"历史学家芮逸夫在《人类学集刊》上发表的《苗族洪水故事与伏羲、女娲的传说》中说："现代的人类学者经过实地考察，才得到这是苗族传说。据此，苗族全出于伏羲、女娲。他们本为兄妹，遭遇洪水，人烟断绝，仅此二人存。他们在盘古的撮合下，结为夫妇，绵延人类。"闻一多还写过《东皇太一考》，经他考证，苗族里的伏羲就是《九歌》里的东皇太一。

《中国通史》（范文澜著，人民出版社1981年版第1册第19页）载："黄帝族与炎帝族，又与夷族、黎族、苗族的一部分逐渐融合，形成春秋时期称为华族、汉以后称为汉族的初步基础。"远古时代就居住在中国南方的苗、黎、瑶等族，都有传说和神话，可是很少见于记载。一般说来，南方各族中的神话人物是"槃瓠"。三国时徐整作《三五历纪》吸收"槃瓠"入汉族神话，"槃瓠"衍变成开天辟地的盘古氏。

在历史上，苗族为了实现民族平等，屡战屡败，但又屡败屡战，从不屈服。苗族有着悠久、灿烂的文化，为中华文化的形成和发展做出了巨大贡献，在不同的历史阶段，涌现出了许多可歌可泣的英雄人物。

苗族不愧为中华民族中的一个伟大民族，苗族文化是苗族几千年的历史积淀，其丰厚的文化底蕴成就了今天这部灿烂辉煌的历史巨著。苗族确实是一个灾难深重的民族，却又是一个勤劳、善良、富有开拓性与创造性的伟大民族。苗族还是一个世界性的民族，不断开拓和创造着新的历史文化。

历史上公认的是，九黎之苗时期的五大发明是苗族对中国文化的原创性贡献。盛襄子在其《湖南苗史述略·三苗考》中论述道："此族（苗族）为中国之古土著民族，曾建国曰三苗。对于中国文化之贡献约有五端：发明农业，奠定中国基础，一也；神道设教，维系中国人心，二也；观察星象，开辟文化园地，三也；制作兵器，汉人用以征伐，四也；订定刑罚，以辅先王礼制，五也。"

苗族历史可以分为五个时期：先民聚落期（原始社会时期）、拓土立国期（九黎时期至公元前223年楚国灭亡）、苗疆分理期（公元前223年楚国灭亡至1873年咸同起义失败）、民主革命期（1873年咸同起义失败到1949年中华人民共和国成立）、民族区域自治期（1949年中华人民共和国成立至今）。相应地，苗族历史文化大致也可以分为五个时期，且各个时期具有不尽相同的文化特征：第一期以先民聚落期为界，巫山人进化成为现代智人，形成的是原始文化，即高庙文明初期；第二期以九黎、三苗、楚国为标志，属于苗族拓土立国期，形成的是以高庙文明为代表的灿烂辉煌的苗族原典文化；第三期是以苗文化为母本，充分吸收了诸夏文化，特别是儒学思想形成高庙苗族文化；第四期是苗族历史上的民主革命期（1872 年咸同起义失败到 1949 年中华人民共和国成立），形成了以苗族文化为母本，吸收了电学、光学、化学、哲学等基本内容的东土苗汉文化与西洋文化于一体的近现代苗族文化；第五期是苗族进入民族区域自治期（1949 年中华人民共和国成立至今），此期形成的是以苗族文化为母本，进一步融合传统文化、西方文化、当代中国先进文化的当代苗族文化。

二

苗族是我国一个古老的人口众多的民族，又是一个世界性的民族。她以其悠久的历史和深厚的文化而著称于世，传承着历史文化、民族精神。由田兵主编的《苗族古歌》，马学良、今旦译注的《苗族史诗》，龙炳文整理译注的《苗族古老话》，是苗族古代的编年史和苗族百科全书，也是苗族最主要的哲学文献。

距今 7800—5300 年的高庙文明所包含的不仅是一个高庙文化遗址，其同类文化遍布亚洲大陆，其中期虽在建筑、文学和科技等方面不及苏美尔文明辉煌，却比苏美尔文明早 2300 年，初期文明程度更高，后期又不像苏美尔文明那样中断，是世界上唯一一直绵延不断、发展至今，并最终创造出辉煌华夏文明的人类文明。在高庙文化区域的常德安乡县汤家岗遗址出土有蚩尤出生档案记录盘。

苗族人民口耳相传的"苗族古歌"记载了祖先"蝴蝶妈妈"及蚩尤的出生：蝴蝶妈妈是从枫木心中变出来的。蝴蝶妈妈一生下来就要吃鱼，鱼在哪里？鱼在继尾池。继尾古塘里，鱼儿多着呢！草帽般大的瓢虫，仓柱般粗的泥鳅，穿枋般大的鲤鱼。这里的鱼给她吃，她好喜欢。一次和水上的泡沫"游方"（恋爱）怀孕后生下了 12 个蛋。后经鹤宇鸟（有的也写成鸡宇鸟）悉心孵养，12 年后，生出了雷公、龙、虎、蛇、牛和苗族的祖先姜央（一说是龙、虎、水牛、蛇、蜈蚣、雷和姜央）等 12 个兄弟。

《山海经·卷十五·大荒南经》中也记载了蚩尤与枫树以及蝴蝶妈妈的不解之缘："有宋山者，有赤蛇，名曰育蛇。有木生山上，名曰枫木。枫木，蚩尤所弃其桎梏，是为枫木。有人方齿虎尾，名曰祖状之尸。"姜央是苗族祖先，蝴蝶自然是苗族始祖了。

澳大利亚人类学家格迪斯说过："世界上有两个苦难深重而又顽强不屈的民族，他们就是中国的苗族和分散在世界各地的犹太民族。"诚如所言，苗族是一个灾难深重而又自强不息的民族。唯其灾难深重，才能在磨砺中锤炼筋骨，迸发出民族自强不屈的魂灵，撰写出民族文化的鸿篇巨制。近年来，随着国家民族政策的逐步完善，对寄寓在民族学大范畴下的民族历史文化研究逐步深入，苗族作为我国少数民族百花园中的重要一支，其悠远、丰厚的历史足迹与文化遗址逐渐为世人所知。

　　苗族口耳相传的古歌记载，苗族祖先曾经以树叶为衣、以岩洞或树巢为家、以女性为首领。从当前一些苗族地区的亲属称谓制度中，也可以看出苗族从母权制到父权制、从血缘婚到对偶婚的演变痕迹。诸如此类的种种佐证材料，无不证明着苗族的悠远历史。苗族祖先凭借优越的地理条件，辛勤开拓，先后发明了冶金术和刑罚，他们团结征伐，雄踞东方，强大的部落联盟在史书上被冠以"九黎"之称。苗族历史上闪耀夺目的九黎部落首领是战神蚩尤，他依靠坚兵利甲，纵横南北，威震天下。但是，蚩尤与同时代的炎黄部落逐鹿中原时战败，从此开启了漫长的迁徙逆旅。

　　总体来看，苗族的迁徙经历了从南到北、从北到南、从东到西、从大江大河到小江小河，乃至栖居于深山老林的迁徙轨迹。五千年前，战败的蚩尤部落大部分南渡黄河，聚集江淮，留下先祖渡"浑水河"的传说。这一支经过休养生息的苗族先人汇聚江淮，披荆斩棘，很快就一扫先祖战败的屈辱和阴霾，组建了强大的三苗集团。然而，历史的车轮总是周而复始的，他们最终还是不敌中原部落的左右夹攻，他们中的一部分到达西北并随即南下，进入川、滇、黔边区。三苗主干则被流放崇山，进入鄱阳湖、洞庭湖腹地，秦汉以来不属王化的南蛮主支蔚然成势。夏商春秋战国乃至秦汉以降的历代正史典籍，充斥着云、贵、湘地南蛮不服王化的"斑斑劣迹"。这群发端于蚩尤的苗族后裔，作为中国少数民族的重要代表，深入武陵山脉心脏，抱团行进，男耕女织，互为凭借，势力强大，他们被封建统治阶级称为武陵蛮。据史料记载，东汉以来对武陵蛮的刀兵相加不可胜数，双方各有死伤。自晋至明，苗族在湖北、河南、陕西、云南、江西、湖南、广西、贵州等地辗转往复，与封建统治者进行了长期艰苦卓绝的不屈斗争。清朝及民国，苗族驻扎在云南的一支因战火而大量迁徙至滇西边境和东南亚诸国，进而散发至欧洲、北美、澳大利亚。

　　苗族遂成为一个世界性的民族！

三

苗族同胞在与封建统治者长期的争夺征战中，不断被压缩生存空间，又不断拓展生存空间，从而形成了其民族极为独特的迁徙文化现象。苗族历史上没有文字，却保存有大量的神话传说，他们有感于迁徙繁衍途中的沧桑征程，对天地宇宙产生了原始朴素的哲理认知。每迁徙一地，他们都结合当地实际，丰富、完善本民族文化内涵，从而形成了系列以"蝴蝶""盘瓠""水牛""枫树"为表象的原始图腾文化。苗族虽然没有文字，却有丰富的口传文化，这些口传文化经后人整理，散见于贵州、湖南等地流传的《苗族古歌》《苗族古老话》《苗族史诗》等典籍，它们承载着苗族后人对祖先口耳相传的族源、英雄、历史、文化的再现使命。

苗族迁徙的历程是艰辛、苦难的，迁徙途中的光怪陆离却是迷人的。他们善于从迁徙途中寻求生命意义，又从苦难中构建人伦规范，他们赋予迁徙以非同一般的意义。他们充分利用身体、语言、穿戴、图画、建筑等媒介，表达对天地宇宙的认识、对生命意义的理解、对人伦道德的阐述、对生活艺术的想象。于是，基于迁徙现象而产生的苗族文化便变得异常丰富。苗族将天地宇宙挑绣在服饰上，得出了天圆地方的朴素见解；将历史文化唱进歌声里，延续了民族文化一以贯之的坚韧品性；将跋涉足迹画在了岩壁上，应对苦难能始终奋勇不屈。其丰富的内涵、奇特的形式、隐忍的表达，成为这个民族独特的魅力，成为这个民族极具异禀的审美旨趣。从这个层面扩而大之，苗族的历史文化，便具备了一种神秘文化的潜在魅力与内涵支撑。苗族神秘文化最为典型的表现是巴代文化现象。从隐藏的文化内涵因子分析来看，巴代文化实则是苗族生存发展、生产生活、伦理道德、物质精神等文化现象的活态传承。

苗族丰富的民族传奇经历造就了其深厚的历史文化，但其不羁的民族精神又使得这个民族成为封建统治者征伐打压的对象。甚至可以说，一部封建史，就是一部苗族的压迫屈辱史。封建统治者压迫苗族同胞惯用的手段，一是征战屠杀，二是愚昧民众，历经千年演绎，苗族同胞之于本民族历史、祖先伟大事功，慢慢忽略，甚至抹杀性遗忘。

一个伟大民族的悲哀莫过于此！

四

历经苦难，走向辉煌。中华人民共和国成立后，得益于党的民族政策，苗族与全国其他少数民族一样，依托民族区域自治法，组建了系列具有本民族特色的少数民族自治机构，千百年被压在社会底层的苗族同胞，翻身当家做主人，他们重新直面苗族的历史文化，系统挖掘、整理、提升本民族历史文化，切实找到了民族的历史价值和民族文化自信。贵州和湖南湘西武陵山区一带，自古就是封建统治阶级口中的"武陵蛮"的核心区域。这一块曾经被统治阶级视为不毛之地的蛮荒地区，如今得到了国家的高度重视，中央整合武陵山片区4省市71个县市，实施了武陵山片区扶贫攻坚战略。作为国家区域大扶贫战略中的重要组成部分，武陵山区苗族同胞的脱贫发展牵动着党中央、国务院关注的目光。武陵山区苗族同胞感恩党中央，激发内生动力，与党中央同步共振，掀起了一场轰轰烈烈的脱贫攻坚世纪大战。

苗族是湘西土家族苗族自治州两大主体民族之一，要推进湘西发展，当前基础性的工作就是要完成两大主体民族脱贫攻坚重点工作，自然，苗族承担的历史使命责无旁贷。在这样的语境下，推进湘西发展、推进苗族聚集区同胞脱贫致富，就是要充分用好、用活苗族深厚的历史文化资源，以挖掘、提升民族文化资源品质，提升民族文化自信心；要全面整合苗族民族文化资源精华，去芜存菁，把文化资源转化为现实生产力，服务于我州经济社会的发展。

正是贯彻这样的理念，湘西土家族苗族自治州立足少数民族自治地区的民族资源特色禀赋，提出了生态立州、文化强州的发展理念，围绕生态牌、文化牌打出了"全域旅游示范区建设""国内外知名生态文化公园"系列组合拳，民族文化旅游业蓬勃发展，民族地区脱贫攻坚工作突飞猛进。在具体操作层面，州委、州政府提出了以"土家探源""神秘苗乡"为载体、深入推进我州文化旅游产业发展的口号，重点挖掘和研究红色文化、巫傩文化、苗疆文化、土司文化。基于此，州政协按照服务州委、州政府中心工作和民生热点难点的履职要求，组织相关专家学者，联合相关出版机构，在申报重点课题的基础上，深度挖掘苗族历史文化，按课题整理、出版苗族历史文化丛书。

人类具有社会属性，所以才会对神话故事、掌故、文物和文献进行著录和收传。以民族出版社出版、吴荣臻主编的五卷本《苗族通史》和贵州民族出版社出版的《苗族古歌》系列著作为标志，苗学研究进入了一个新的历史时期。

湘西土家族苗族自治州政协组织牵头的《湘西苗族民间传统文化丛书》记载了苗疆文化的主要内容，是苗族文化研究的重要成果。它不但整理译注了浩如烟海的有关苗疆的历史文献，出版了史料文献丛书，还记录整理了苗族人民口传心录的苗族古歌系列、巴代文化系列等珍贵资料，并展示了当代文化研究成果。

党的十八大以来，以习近平同志为核心的党中央，以"一带一路"倡议为抓手，不断推进人类命运共同体建设，以实现中华民族伟大复兴的中国梦为目标，不断推进理论自信、道路自信、制度自信和文化自信。没有包括苗族文化在内的各个少数民族文化的复兴，也不会有完全的中华民族伟大复兴。

因此，从苗族历史文化中探寻苗族原典文化，发现新智慧、拓展新路径，从而提升民族文化自信力，服务湘西生态文化公园建设，推进精准扶贫、精准脱贫，实现乡村振兴，进而实现湘西现代化建设目标，善莫大焉！

此为序！

2018 年 9 月 5 日

专家序一

掀起湘西苗族巴代文化的神秘面纱

汤建军

2017年9月7日，根据中共湖南省委安排，我在中共湘西州委做了题为"砥砺奋进的五年"的形势报告。会后，在湘西州社科联谭必四主席的陪同下，考察了一直想去的花垣县双龙镇十八洞村。出于对民族文化的好奇，考察完十八洞村后，我根据中共湖南省委网信办在花垣县挂职锻炼的范东华同志的热诚推荐，专程拜访了苗族巴代文化奇人石寿贵老先生，参观其私家苗族巴代文化陈列基地。石寿贵先生何许人也？花垣县双龙镇洞冲村人。他是本家祖传苗师"巴代雄"第32代掌坛师、客师"巴代扎"第11代掌坛师、民间正一道第18代掌坛师。石老先生还是湘西州第一批命名的"非物质文化遗产(以下简称'非遗')保护"名录"苗老司"代表性传承人、湖南省第四批"非遗"名录"苗族巴代"代表性传承人、吉首大学客座教授、中国民俗学会蚩尤文化研究基地蚩尤文化研究会副会长、巴代文化学会会长。他长期从事巴代文化、道坛丧葬文化、民间习俗礼仪文化等苗族文化的挖掘搜集、整编译注及研究传承工作。一直以来，他和家人，动用全家之财力、物力和人力，经过近50年的全身心投入，在本家积累32代祖传资料的基础上，又走访了贵州、四川、湖北、湖南、重庆等周边20多个县市有名望的巴代坛班，通过本家厚实的资料库加上广泛搜集得来的资料，目前已整编译注出7大类76本

2500 多万字及 4000 余幅仪式彩图的《巴代文化系列丛书》,且准备编入《湘西苗族民间传统文化丛书》进行出版。这 7 大类 76 本具体包括:第一类,基础篇 10 本;第二类,苗师科仪 20 本;第三类,客师科仪 10 本;第四类,道师科仪 5 本;第五类,侧记篇 4 本;第六类,苗族古歌 14 本;第七类,历代手抄本扫描 13 本。除了书稿资料以外,石寿贵先生还建立起了 8000 多分钟的仪式影像、238 件套的巴代实物、1000 多分钟的仪式音乐、此前他人出版的有关苗族巴代民俗的藏书 200 余册以及包括一整套待出版的《湘西苗族民间传统文化丛书》在内的资料档案。此前,他还主笔出版了《苗族道场科仪汇编》《苗师通书诠释》《湘西苗族古老歌话》《湘西苗族巴代古歌》四本著作。其巴代文化研究基地已建立起巴代文化的三大仪式、两大体系、八大板块、三十七种类苗族文化数据库,成为全国乃至海内外苗族巴代文化资料最齐全系统、最翔实厚重、最丰富权威的亮点单位。"苗族巴代"在 2016 年 6 月入选第四批湖南省"非遗"保护名录。2018 年 6 月,石寿贵老先生获批为湖南省第四批非物质文化遗产保护项目"苗族巴代"代表性传承人。

走进石寿贵先生的巴代文化挖掘搜集、整编译注、研究及陈列基地,这是一栋两层楼的陈列馆,没有住人,全部都是用来作为巴代文化资料整编译注和陈列的。一楼有整编译注工作室和仪式影像投影室等,中堂为有关图片及字画陈列,文化气息扑面而来。二楼分别为巴代实物资料、文字资料陈列室和仪式腔调录音室及仪式影像资料制作室等,其中 32 个节柜全都装满了巴代书稿和实物,真可谓书山文海、千册万卷、博大精深、琳琅满目。

石老先生所收藏和陈列的巴代文化各种资料、物件和他本人的研究成果极大地震撼了我们一行人。我初步翻阅了石老先生提供的《湘西苗族巴代揭秘》一书初稿,感觉这些著述在中外学术界实属前所未闻、史无前例、绝无仅有。作者运用独特的理论体系资料、文字体系资料以及仪式符号体系资料等,全面揭露了湘西苗族巴代的奥秘,此书必将为研究苗族文化、苗族巴代文化学和中国民族学、民俗学、民族宗教学以及苗族地区摄影专家、民族文化爱好者提供线索、搭建平台与铺设道路。我当即与湘西州社科联谭必四主席商量,建议他协助和支持石老先生将《湘西苗族巴代揭秘》一书申报湖南省社科普及著作出版资助。经过专家的严格评选,该书终于获得了出版资助,在湖南教育出版社得到出版。因为这是一本在总体上全面客观、科学翔实、通俗形象地介绍苗族巴代及其文化的书,我相信此书一定会成为广大读者喜闻喜阅、喜欣喜爱的书,一定能给苗族历代祖先以慰藉,一定能更好地传播苗民族文化精华,一定能深入弘扬中华民族优秀传统文化。

2017年12月6日，我应邀在中南大学出版社宣讲党的十九大精神时，结合如何策划选题，重点推介了石寿贵先生的苗族巴代文化系列研究成果，希望中南大学出版社在前期积累的基础上，放大市场眼光，挖掘具有民族特色的文化遗产，积极扶持石老先生巴代文化成果的出版。这个建议得到了吴湘华社长及其专业策划团队的高度重视。2018年1月30日，国家出版基金资助项目公示，由中南大学出版社挖掘和策划的石寿贵编著的《巴代文化系列丛书》中的10本作为第一批《湘西苗族民间传统文化丛书》入选。该丛书以苗族巴代原生态的仪式脚本(包括仪式结构、仪式程序、仪式形态、仪式内容、仪式音乐、仪式气氛、仪式因果等)记录为主要内容，原原本本地记录了苗师科仪、客师科仪、道师绕棺戏科仪以及苗族古歌、巴代历代手抄本扫描等脚本资料，建立起了科仪的文字记录、图片静态记录、影像动态记录、历代手抄本文献记录、道具法器实物记录等资料数据库，是目前湘西苗族地区种类较为齐全、内容翔实、实物彩图丰富生动的原生态民间传统资料，充分体现了苗族博大精深、源远流长的文化内涵和艺术价值，对今后全方位、多视角、深层次研究苗族历史文化有着极其重要的价值和深远的意义。

　　从《湘西苗族民间传统文化丛书》中所介绍的内容来看，可以说，到目前为止，这套丛书是有关领域中内容最系统翔实、最丰富完整、最难能可贵的资料了。此套书籍如此广泛深入、全面系统、尽数囊括、笼统纳入，实为古今中外之罕见，堪称绝无仅有、弥足珍贵，也是有史以来对苗族巴代文化的全面归纳和科学总结。我想，这既是石老先生和他的祖上及其家眷以及政界、学界、社会各界对苗族文化的热爱、执着、拼搏、奋斗、支持、帮助的结果，也体现出了石寿贵老先生对苗族文化所做出的巨大贡献。这套丛书将成为苗族传统文化保护传承、研究弘扬的新起点和里程碑。用学术化的语言来说，这300余种巴代科仪就是巴代历代以来所主持苗族的祭祀仪式、习俗仪式以及各种社会活动仪式的具体内容。但仪式所表露出来的仅仅只是表面形式而已，更重要的是包含在仪式里面的文化因子与精神特质。关于这一点，石寿贵老先生在丛书中也剖析得相当清晰，他认为巴代文化的形成是苗族文化因子的作用所致。他认为：世界上所有的民族和教派都有不同于其他民族的文化因子，比如佛家的因果轮回、慈善涅槃、佛国净土，道家的五行生克、长生久视、清静无为，儒家的忠孝仁义、三纲五常、齐家治国，以及纳西族的"东巴"、羌族的"释比"、东北民族的"萨满"、土家族的"梯玛"等，无不都是严格区别于其他民族或教派的独特文化因子。由某个民族文化因子所产生出来的文化信念，在内形成了该民族的观念、性格、素质、气节和精神，在外则形成了该民族的风格、习俗、形象、身份和标志。通过内外因素的共同作用，形成支撑该民族生生不息、发展壮大、繁荣富强的不竭动力。苗族巴代文化的核心理念是人类的"自我不灭"真性，在这一文化因子的影响下，形成了"自我崇拜"或"崇拜自我、维护自我、服务自我"的人类生存哲学体系。这种理论和实践体现在苗师"巴代雄"祭祀仪式的方方面面，比如上供时所说的"我吃你吃，我喝你喝"。说过之后，还得将供品一滴不漏地吃进口中，意思为我吃就是我的祖先吃，我喝就是我的祖先喝，我就是我的祖先，我的祖先就是我，祖先虽亡，但他的血液在我的身上流淌，他的基因附在我的身上，祖先的化身就是当下的我，并且一直延续到永远，这种自我真性没有被泯灭掉。同时，苗师"巴代雄"所祭祀的对象既不是木偶，也不是神像，更不是牌位，而是活人，是舅爷或德高望重的活人。这种祭祀不同于汉文化中的灵魂崇拜、鬼神崇拜或自然崇拜，而是实实在在的、活生生的自我崇拜。这就是巴代传承古代苗族主流文化(因子)的内在实质和具体内容。无怪乎如来佛祖降生时一手指天，一手指地，所说的第一句话就是："天上地下，唯我独尊。"佛祖所说的这个"我"，指的绝非本人，而是宇宙间、世界上的真性自我。

石老先生认为，从生物学的角度来说，世界上一切有生命的动植物的活动都是维护自我生存的活动，维护自我毋庸置疑。从人类学的角度来说，人类的真性自我不生不灭，世间人类自身的一切活动都是围绕有利于自我生存和发展这个主旨来开展的，背离了这个主旨的一切活动都是没有任何价值和意义的活动。从社会科学的角度来说，人类社会所有的科普项目、科学文化，都是从有利于人类自我生存和发展这个主题来展开的，如果离开了这条主线，科普也就没有了任何价值和意义。从人类生存哲学的角度来说，其主要的逻辑范畴，也是紧紧地把握人类这个大的自我群体的生存和发展目标去立论拓展的，自我生存成为最大的逻辑范畴；从民族学的角度来说，每个要维护自己生生不息、发展壮大的民族，都要有自己强势优越、高超独特、先进优秀的文化来作支撑，而要得到这种文化支撑的主体便是这个民族大的自我。

石老先生还说，从维护小的生命、个体的小自我到维护大的人类、群体的大自我，是生物世界始终都绕不开的总话题。因而，自我不灭、自我崇拜或崇拜自我、服务自我、维护自我，在历史上早就成为巴代文化的核心理念。正是苗师"巴代雄"所奉行的这个"自我不灭论"宗旨教义，所行持的"自我崇拜"的教条教法，涵盖了极具广泛意义的人类学、民族学以及哲学文化领域中的人类求生存发展、求幸福美好的理想追求。也正是这种自我真性崇拜的文化因子，才形成了我们的民族文化自信，锻造了民族的灵魂素质，成就了民族的精神气节，才能坚定民族自生自存、自立自强的信念意识，产生出民族生生不息、发展壮大的永生力量。这就充分说明，苗族的巴代文化，既不是信鬼信神的巫鬼文化，也不是重巫尚鬼的巫傩文化，而是从基因实质的文化信念到灵魂素质、意识气魄的锻造殿堂，是彻头彻尾的精神文化，这就是巴代文化和巫鬼文化、巫傩文化的本质区别所在。

乡土的草根文化是民族传统文化体系的基因库，只要正向、确切、适宜地打开这个基因库，我们就能找到民族的根和魂，感触到民族文化的神和命。巴代作为古代苗族主流文化的传承者，作为一个族群社会民众的集体意识，作为支撑古代苗族生存发展、生生不息的强大的精神支柱和崇高的文化图腾，作为苗族发展史、文明史曾经的符号，作为中华民族文化大一统中的亮丽一簇，很少被较为全面系统、正向正位地披露过。

巴代是古代苗族祭祀仪式、习俗仪式、各种社会活动仪式这三大仪式的主持者，更是苗族主流文化的传承者。因为苗族在历史上频繁迁徙、没有文字、不属王化、封闭保守等因素，再加上历史条件的限制与束缚，为了民族的生存和发展，苗族先人机灵地以巴代所主持的三大仪式为本民族的显性文化表象，来传承苗族文化的原生基因、本根元素、全准信息等这些只可意会、不可言传的隐性文化实质。又因这三大仪式的主持者叫巴代，故其所传承、主导、影响的苗族主流文化又被称为巴代文化，巴代也就自然而然地成为聚集古代苗族的哲学家、法学家、思想家、社会活动家、心理学家、医学家、史学家、语言学家、文学家、理论家、艺术家、易学家、曲艺家、音乐家、舞蹈家、农业学家等诸大家之精华于一身的上层文化人，自古以来就一直受到苗族人民的信任、崇敬和尊重。

巴代文化简单说来就是三大仪式、两大体系、八大板块和三十七种文化。其包括了苗族生存发展、生产生活、伦理道德、物质精神等从里到表、方方面面、各个领域的文化。巴代文化必定成为有效地记录与传承苗族文化的大乘载体、百科全书以及活态化石，必定成为带领苗族人民从远古一直走到近代的精神支柱和家园，必定成为苗族文化的根、魂、神、质、形、命的基因实质，必定成为具有苗族代表性的文化符号与文化品牌，必定成为苗族优秀的传统文化、神秘湘西的基本要素。

石老先生委托我为他的丛书写篇序言，因为我的专业不是民族学研究，不能从专业角度给予中肯评价，为读者做好向导，所以我很为难，但又不好拒绝石老先生。工作之余，我花了很多时间认真学习他的相关著述，总感觉高手在民间，这些文字是历代苗族文化精华之沉淀，文字之中透着苗族人的独特智慧，浸润着石老先生及历代巴代们的心血智慧，更体现出了石老先生及其家人一生为传承苗族文化所承载的常人难以想象的、难以忍受的艰辛、曲折、困苦、执着和担当。

　　这次参观虽然不到两个小时，却发现了苗族巴代文化的正宗传人。遇见石老先生，我感觉自己十分幸运，亦深感自己有责任、有义务为湘西苗族巴代文化及其传人积极推荐，努力让深藏民间的优秀民族文化遗产能够公开出版。石老先生的心愿已了，感恩与我们一样有这种情结的评审专家和出版单位对《湘西苗族民间传统文化丛书》的厚爱和支持。我相信，大家努力促成这些书籍公开出版，必将揭开湘西苗族巴代文化的神秘面纱，必将开启苗族巴代文化保护传承、研究弘扬、推介宣传的热潮，也必将引发湘西苗族巴代文化旅游的高潮。

　　略表数言，抛砖引玉，是为序。

（作者系湖南省社会科学院党组成员、副院长，湖南省省情研究会会长、研究员）

专家序二

罗康隆

　　我来湘西 20 年，不论是在学校，还是在村落，听到当地苗语最多的就是"巴代"（分"巴代雄"与"巴代扎"）。起初，我也不懂巴代的系统内涵，只知道巴代是湘西苗族的"祭师"，但经过 20 年来循序渐进的认识与理解，我深知，湘西苗族的"巴代"，并非用"祭师"一词就可以简单替代。

　　说实在的，我是通过《湘西苗族调查报告》和《湘西苗族实地调查报告》这两本书来了解湘西的巴代文化的。1933 年 5 月，国立中央研究院的凌纯声、芮逸夫来湘西苗区调查，三个月后凌纯声、芮逸夫离开湘西，形成了《湘西苗族调查报告》(2003 年 12 月由民族出版社出版)。该书聚焦于对湘西苗族文化的展示，通过实地摄影、图画素描、民间文物搜集，甚至影片拍摄，加上文字资料的说明等，再现了当时湘西苗族社会文化的真实图景，其中包含了不少关于湘西苗族巴代的资料。

　　当时，湘西乾州人石启贵担任该调查组的顾问，协助凌纯声、芮逸夫在苗区展开调查。凌纯声、芮逸夫离开湘西时邀请石启贵代为继续调查，并请国立中央研究院聘石启贵为湘西苗族补充调查员，从此，石启贵正式走上了苗族研究工作的道路。经过多年的走访调查，石启贵于 1940 年完成了《湘西苗族实地调查报告》(2008 年由湖南人民出版社出版)。在该书第十章"宗教信仰"中，他用了 11 节篇幅来介绍湘西苗族的民间信仰。2009 年由中央民族大学"985 工程"中国少数民族非物质文化研究与保护中心与台湾"中央研究院"历史语言研究所联合整理，在民族出版社出版了《民国时期湘南苗族调查实录(1~8 卷)(套装全 10 册)》，包括民国习俗卷、椎猪卷、文学卷、接龙卷、祭日月神卷、祭祀神辞汉译卷、还傩愿卷、椎牛卷(上)、椎牛卷(中)、椎牛卷(下)。由是，人们对湘西苗族"巴代"有了更加系统的了解。

我作为苗族的一员，虽然不说苗语了，但对苗族文化仍然充满着热情与期待。在我主持学校民族学学科建设之初，就将苗族文化列为重点调查与研究领域，利用课余时间行走在湘西的腊尔山区苗族地区，对苗族文化展开调查，主编了《五溪文化研究》丛书和《文化与田野》人类学图文系列丛书。在此期间结识了不少巴代，其中就有花垣县董马库的石寿贵。此后，我几次到石寿贵家中拜访，得知他不仅从事巴代活动，而且还长期整理湘西苗族的巴代资料，对湘西苗族巴代有着系统的了解和较深的理解。

我被石寿贵收集巴代资料的精神所感动，决定在民族学学科建设中与他建立学术合作关系，首先给他配备了一台台式电脑和一台摄像机，可以用来改变以往纯手写的不便，更可以将巴代的活动以图片与影视的方式记录下来。此后，我也多次邀请他到吉首大学进行学术交流。在台湾"中央研究院"康豹教授主持的"深耕计划"中，石寿贵更是积极主动，多次对他所理解的"巴代"进行阐释。他认为湘西苗族的巴代是一种文化，巴代是古代苗族祭祀仪式、习俗仪式、各种社会活动仪式这三大仪式的主持者，是苗族文化的传承载体之一，是湘西苗族"百科全书"的构造者。

巴代文化成为苗族文化的根、魂、神、质、形、命的基因实质。这部《湘西苗族民间传统文化丛书》含 7 大类 76 本 2500 多万字及 4000 余幅仪式彩图，还有 8000 多分钟仪式影像、238 件套巴代实物、1000 多分钟仪式音乐等，形成了巴代文化资料数据库。这些资料弥足珍贵，以苗族巴代仪式结构、仪式程序、仪式形态、仪式内容、仪式音乐、仪式气氛、仪式因果为主要内容进行记录。这是作者在本家 32 代祖传所积累丰厚资料的基础上，通过近 50 年对贵州、四川、湖南、湖北、重庆等省市周边有名望的巴代坛班走访交流，行程达 10 万多公里，耗资 40 余万元，竭尽全家之精力、人力、财力、物力，对巴代文化资料进行挖掘、搜集与整理所形成的资料汇编。

这些资料的样本存于吉首大学历史与文化学院民间文献室，我安排人员对这批资料进行了扫描，准备在 2015 年整理出版，并召开过几次有关出版事宜的会议，但由于种种原因未能出版。今天，它将由中南大学出版社申请到的国家出版基金资助出版，也算是了结了我多年来的一个心愿，这是苗族文化史上的一件大好事。这将促进苗族传统文化的保护，极大地促进民族精神的传承和发扬，有助于加强、保护与弘扬传统文化，对落实党和国家加强文化大发展战略有着特殊的使命与价值。

（作者系吉首大学历史与文化学院院长、湖南省苗学学会第四届会长）

概　述

　　《湘西苗族民间传统文化丛书》以苗族巴代原生态的仪式脚本(包括仪式结构、仪式程序、仪式形态、仪式内容、仪式音乐、仪式气氛、仪式因果等)记录为主要内容,原原本本地记录了苗师科仪、客师科仪、道师绕棺戏科仪以及苗族古歌、巴代历代手抄本扫描等脚本资料,建立起了科仪文字记录、图片静态记录、影像动态记录、历代手抄本文献记录、道具法器实物记录等资料数据库,为抢救、保护、传承、研究这些濒临灭绝的苗族传统文化打牢了基础,搭建了平台,提供了必需的条件。

　　巴代是古代苗族祭祀仪式、习俗仪式、各种社会活动仪式这三大仪式的主持者,也是苗族主流文化的传承载体之一。古代苗族在涿鹿之战后因为频繁迁徙、分散各地、没有文字、不属王化、封闭保守等因素,形成了具有显性文化表象和隐性文化实质这二元文化的特殊架构。基于历史条件的限制与束缚,为了民族的生存和发展,苗族先人机灵地以巴代所主持的三大仪式为本民族的显性文化表象,来传承苗族文化的原生基因、本根元素、全准信息等这些只可意会、不可言传的隐性文化实质。因为三大仪式的主持者叫巴代,故其所传承、主导、影响的苗族主流文化又被称为巴代文化,巴代也就自然而然地成为聚集古代苗族的哲学家、史学家、宗教家等诸大家之精华于一身的上层文化人,自古以来就一直受到苗族人民的信任、崇敬和尊重。

　　巴代文化简单说来就是三大仪式、两大体系、八大板块和三十七种文化。其包括了苗族生存发展、生产生活、伦理道德、物质精神等从里到表、方方面面各个领域的文化。巴代文化必定成为有效地记录与传承苗族文化的大乘载体、百科全书以及活态化石，必定成为带领苗族人民从远古一直走到近代的精神支柱和家园，必定成为苗族文化的根、魂、神、质、形、命的基因实质，必定成为具有苗族代表性的文化符号与文化品牌，必定成为苗族优秀的传统文化之一、神秘湘西的基本要素。

苗族的巴代文化与纳西族的东巴文化、羌族的释比文化、东北民族的萨满文化、汉族的儒家文化、藏族的甘朱尔等一样，是中华文明五千年的文化成分和民族文化大花园中的亮丽一簇，是苗族文化的本源井和柱标石。巴代文化的定位是苗族文化的全面归纳、科学总结与文明升华。

近代以来，由于种种原因，巴代文化濒临灭绝。为了抢救这种苗族传统文化，笔者在本家 32 代祖传所积累丰厚资料的基础上，又通过近 50 年以来对贵州、四川、湖南、湖北、重庆等省市周边有名望的巴代坛班走访交流，行程 10 多万公里，耗资 40 余万元，竭尽全家之精力、人力、财力、物力，全身心投入巴代文化资料的挖掘、搜集、整编译注、保护传承工作中，到目前已形成了 7 大类 76 本 2500 多万字及 4000 余幅仪式彩图的《湘西苗族民间传统文化丛书》（以下简称《丛书》）有待出版，建立起了《丛书》以及 8000 多分钟的仪式影像、238 件套的巴代实物、1000 多分钟的仪式音乐等巴代文化资料数据库。该《丛书》已成为当今海内外唯一的苗族巴代文化资源库。

7 大类 76 本 2500 多万字及 4000 余幅仪式彩图的《丛书》在学术界也称得上是鸿篇巨制了。为了使读者能够在大体上了解这套《丛书》的基本内容，在此以概述的形式来逐集进行简介是很有必要的。

这套洋洋大观的《丛书》，是一个严谨而完整的不可分割的体系，按内容属性可分为 7 大类型。因整套《丛书》的出版分批进行，在出版过程中根据实际情况对《丛书》结构做了适当调整，调整后的内容具体如下：

第一类：基础篇。分别是：《许愿标志》《手诀》《巴代法水》《巴代道具法器》《文疏表章》《纸扎纸剪》《巴代音乐》《巴代仪式图片汇编》《湘西苗族民间传统文化丛书通读本》等。

第二类：苗师科仪。分别是：《接龙》（第一、二册），《汉译苗师通鉴》（第一、二、三册），《苗师通鉴》（第一、二、三、四、五、六、七、八册），《苗师"不青"敬日月车祖神科仪》（第一、二、三册），《敬家祖》，《敬雷神》，《吃猪》，《土昂找新亡》。

第三类：客师科仪。分别是：《客师科仪》(第一、二、三、四、五、六、七、八、九、十册)。

第四类：道师科仪。分别是：《道师科仪》(第一、二、三、四、五册)。

第五类：侧记篇之守护者。

第六类：苗族古歌。分别是：《古杂歌》，《古礼歌》，《古阴歌》，《古灰歌》，《古仪歌》，《古玩歌》，《古堂歌》，《古红歌》，《古蓝歌》，《古白歌》，《古人歌》，《汉译苗族古歌》(第一、二册)。

第七类：历代手抄本扫描。

本套《丛书》的出版将为抢救、保护、传承、研究这些濒临灭绝的苗族传统文化打牢基础、搭建平台和提供必需的条件；为研究苗族文化，特别是研究苗族巴代文化学、民族学、民俗学、民族宗教学等，以及这些学科的完善和建设做出贡献；为研究、关注苗族文化的专家学者以及来苗族地区的摄影者提供线索与方便。《丛书》的出版，将有力地填补苗族巴代文化学领域里的空缺和促进苗族传统文明、文化体系的完整，使苗族巴代文化成为中华民族文化大花园中的亮丽一簇。

石寿贵
2020 年秋于中国苗族巴代文化研究中心

前 言

苗族前人留传下来的原生态苗歌，简称"苗族古歌"。它以诗歌传唱的形式真实地记录、传承了苗族的族群史、发展史和文明史，是苗族历史与文化传承的载体、百科全书以及活化石。它原汁原味地展示了苗族人民口口相传的天地形成、人类产生、族群出现、部落纷争、历次迁徙、安家定居、生产生活等从内到外、从表到里的方方面面的历史与文化，是一个体系庞大、种类繁多、内容丰富、意境高远、腔调悠长、千姿百态的文化艺术形式，也是一种苗族人民历来乐于传唱、普及程度很高的文化娱乐方式。

2011 年 5 月 23 日，"苗族古歌"名列国务院公布的第三批国家级非物质文化遗产扩展项目名录；2014 年 6 月，笔者主持的"花垣县苗族巴代文化保护基地"（笔者自家）被湘西土家族苗族自治州政府授牌为"苗族古歌传习所"，2014 年 8 月，被花垣县人民政府授牌为"花垣县董马库乡大洞冲村苗族古歌传习所"。政府的权威认定集中体现了国家对苗族古歌的充分肯定和高度重视。

笔者生活在一个世代传承苗歌之家，八九代人一直都在演唱、创作、传承苗歌。太高祖石共米、石共甲，高祖石仕贵、石仕官，曾祖石明章、石明玉，祖公石永贤、石光，父亲石长先，母亲龙拔孝，大姐石赐兴，大哥石寿山等，都是当时享有名望的大歌师，祖祖辈辈奉行的是"唱歌生、唱歌长、唱歌大、唱歌老、唱歌死、唱歌葬、唱歌祭"的宗旨，对苗歌天生有一种离不开、放不下、丢不得、忘不掉的特殊情感，因而本家祖传的苗歌资料特别丰富。笔者在本家苗歌资料的基础上，又在苗族地区广泛挖掘搜集，进而进行整编译注工作。

我们初步将采集到的苗族古歌编辑成了 635 卷线装本，再按其内容与特色分类编辑成《古灰歌》《古红歌》《古蓝歌》《古白歌》《古人歌》《古杂歌》《古礼歌》《古堂歌》《古玩歌》《古仪歌》《古阴歌》，共 11 本，400 余万字，已被纳入国家出版基金项目，由中南大学出版社出版。这批苗族古歌的问世，将成为海内外学术界研究苗族乃至世界哲学、历史学、文学、语言学、人类学、民族学、民俗学、宗教学等学科不可或缺的基本资料，它们生动地体现了古代苗族独创、独特且博大的历史文化和千姿百态、璀璨缤纷的艺术魅力。

截至目前，我们已经出版了《湘西苗族巴代古歌》《湘西苗族古老歌话》等 4 本苗歌图书。《古灰歌》《古红歌》《古蓝歌》《古白歌》《古人歌》《古杂歌》《古礼歌》《古堂歌》《古玩歌》《古仪歌》《古阴歌》11 本被编入了《湘西苗族民间传统文化丛书》第二辑，本册《古堂歌》是这 11 本中的第 8 本。

凡是古代留传下来的在堂屋中所唱的大型陪客的歌，原则上都被称为古堂歌。在过去，苗家人在举行结婚仪式的当晚都要在堂屋烧树蔸蔸柴，点桐油灯，宾主欢聚一堂，双方要请歌手对唱苗歌，通宵达旦。由主家歌师先唱请客人歌师对歌的歌，简称"请歌"。请歌要把有关结婚的主要内容通唱一遍，然后唱奉请客人歌师接唱的歌。这样三番五次请歌之后，客人歌师接歌。客人歌师先唱互相奉承的内容，叫"水口歌"，即热歌，然后唱古人古事，或盘歌对答，或唱歌猜谜，或唱通史（穿歌），等等，直到天亮洗脸之时方才散伙。这是千百年以来苗家人在举行结婚仪式时一种特别的陪客方式。

有几点需要提醒读者朋友们注意。苗族古歌基本上都属于诗歌体裁，但在苗区里基本上是五里不同腔、八里不同韵。本册《古堂歌》保存的资料采集于花垣县双龙镇洞冲村一带，此地属于东部方言第二方言区的语音地，书中的苗语发音虽然采用了类似现代汉语拼音的标注方式，但其实与普通话的发音相去甚远。而且，苗族古歌在口口相传的过程中一直没有定本，一直处在流动不居的演变过程之中。这也是本套丛书的价值所在。因此，在整理编写的过程中，笔者也在最大程度地保留了采集到的资料的原貌。因苗区各地的音腔不同，所以苗族古歌的唱腔也有不同，共几十种。我们搜集到一些唱腔，但只知道极少数歌者的名字，而大多数歌者无法列出，为保持统一，在本部分所示的二维码中，我们没有列出歌者的名字，诚望读者谅解。

目　录

第一章　堂更主人起歌篇

一、起唱

1.

喊我唱来我就唱，

Haib wob changb lais wox jious changd，

不唱你们紧要喊。

Bub changes nis menb jins yaob hais.

出口唱来不像样，

Chub kous changb lais bub xiangb yangd，

几见实在尼几见。

Jis jianb shid zaib nib jis jianb.

开口是该闭口相，

Kais koub shid ganb bib kous xiangb，

阿逃度拢尼麻单。

As taob dub longb nib max dans.

同油干格偶几娘，

Tongb youb gans geid ous jib niangx，

松拿兵朋然久干。

Songb nab bings pongb ras jious ganx.

加剖挂约柔阿郎，

Jias boub guax yos roub as langx，

萨袍然齐久尖尖。

Seax paob rab qib jious jianb jianb.

求你众人把我放，
Qiub nid zongb renb bas wob fangx,
嘎苟内共喂罗连。
Gas goub niet gongx weib luob lianb.

喊我唱来我就唱，不唱你们紧要喊。
出口唱来不像样，不像不成我不敢。
开口是呆闭口相，这句话儿是真言。
老牛叫声不响亮，唢呐吹响声又断。
差我过了半辈子，一切歌唱忘了完。
求你众人把我放，莫把老人我牵连。

2.

话喂出萨窝起几舞莎排板，
Huab weib chub seax aob qib jis wub shax paib bans,
没得出到弄几朗。
Meib des chub daos nongb jis liangx.
见楼几出窝起才，
Jeans loub jis chub aos qix caib,
阿虫忧愁浓将江。
As congb yous choub nongb jiangx jiangb.
见弄阿桑大反山东，
Jianb nongb as shangb dab fans shuanb dongx,
吉抢杨林大皇县，
Jib qiangb yangx linb das huangb xianb,
混世魔王为天下，
Huenb shid mob wangb weib tianb xiab,
喂见弄程咬金，久良得就炯瓦岗。
Weib jeans nongx chengb yaob jins, jioub liangb des jious jiongb wab gangx.
开喂一来年老又年迈，
Kais weib yis laib nianb laos youx nianb manx,
苟救摸天岭苟扛仁贵保主救唐王。
Gous jioux mob tianb linx gous gngb renb guib baod zhus jioub tangx wangx.

喊我唱歌心里什么都想遍，怎么有才来歌唱。

久不唱歌忘了完，一身忧愁不能放。

好似以前大反山东，去抢杨林贡皇献，

混世魔王为天下，我好似程咬金，不能再坐管瓦岗。

我是一来年老又年迈，好上摸天岭要那仁贵保主救唐王。

二、唱厨房

1.

厨房喂捕扛蒙洞，

Cub fangb weib pux gangb mengb dongb,

当厨几尼窝内枯。

Dangb chub jis nib aos niet kub.

追早埋休拿几蒙，

Zuis zhaob manb xious nab jis mengb,

吉上赶革扛斗图。

Jis shangb ganx geib gangb dous tux.

阿奶弟斗阿休弄，

As niet dib doux as xioub nongb,

浑身发汗同篓吾。

Fenb shengb fab haib tongb lous wut.

埋出厨休莎苦哗，

Manb chus cub xious shax kub hongb,

浓总浓汝没剖补。

Nongb zongb nongb rub meib bous bub.

厨房我讲送你听，当厨你的很苦累。

灶前灶后苦你们，马上又要生火起。

浑身衣数汗水浸，浑身发汗如流水。

你们厨手辛苦很，好情有那主人背。

2.

底斗堂屋窝高图，

Deib doux tangb wux aos gaob tux,

冬草图汝再早先。

Dongb chaos tub rub zaib zaob xianb.

众人几斩窝声度，

Zongb renb jis zhanb aos shongb dux,

扛浓苟萨出大片。

Gangb nongx gous seax chub dab pianb.

窝得高斗图不不，

Aos deb gaob doux tub bub bub,

剖埋欧告汝陪兰。

Bous manb ous gaot rub peib lans.

烧火堂屋树苑大，灯草明亮再加油。

众人不要再讲话，让我来唱歌几首。

烧起柴苑把火发，好陪正客大歌师。

3.

阿腊厨手列恩宽，

As lab chub shoud lieb enb kuans,

话浓跑厨几五斗。

Huas nongb paos chub jid wub dous.

偷锐迷这扛白盘，

Tous ruib mix zhes gangb baib pais,

嘎扛几立嘎几溜。

Gas gangb jis lix gab jis liub.

久锐列起斗见，

Jious ruib liet qib dous jianb,

灶台萨袍扛剖友。

Zhaob tais seax paob gangb boux youb.

一帮厨手要恩宽，你们跑厨忙脚手。

装菜每碗要满盘，莫让人讲什么子。

收桌马上烧火来，灶台歌唱陪高师。

三、唱堂屋的火

1.

起见阿几汝高图，

Qib jianb as jix rub gaob tub,

冬草图汝留溜林。

Dongb caob tub rub liux liut liongb.

堂屋几斩窝声度，

Tangb wub jis zaib aos shongb dux,

扛喂吉加苟萨出阿炯。

Gangb weix jib jias gous seax chub as jiongx.

抢西透打几内汝，

Qiangb xib tous dab jis nieb rub,

扛喂牙要踩台中。

Gangb weib yax yaob canb taib zhongb.

烧起一堆火燃大，灯草明亮油加添。

堂屋的人莫讲话，让我把歌唱几篇。

若唱不好请莫骂，让我小妹来踩台。

2.

唐屋起斗尼没忙，

Tangb wux qib dous nib meix mangb,

忙忙几奶纵起斗。

Mangb mangb jis niet zongb qib dous.

副客苟固炮头将，

Fub kes gous gub paob tous jiangx,

吉瓦拿几奶包柔。

Jib wab nab jis niet baos roux.

内浪窝包窝首尼钱当，

Niet liangb aos baox aos shoub nib qianx dangb,

子羊再共欧大斗。

Zis yangb zaib gongb ous dab doux.

正客内拢送得让,

Zhengb kes niet longb songb des rangx,

出卡拢斗剖浓苟。

Chus kab longb dous boub nongb gous.

堂屋烧火发得快,平常哪个紧烧起。

副客把那爆竹放,抛撒若干的钱米。

他们包里包的是银钱,再拿银钱来贺喜。

正客嫁女的行上,做客来到我家里。

四、唱媒人

1.

苟固够受难为起,

Gous gub gous soub nanb weix qib,

堂卡出萨难为埋。

Tangb kax chub seax nanb weib manb.

天上无云不下雨,

Tianb shangb wud yunx bub xias yux,

地下无水不通船。

Deib xiab wub shuid bub tongs chuanb.

蒙候卜到贵家浪小女,

Mengb hous pub daox guib jias langb xiaos nvb,

苟篓出令从几然。

Gous loub chus liongb zongb jis rab.

把话感谢媒人起,堂中歌唱谢你言。

天上无云不下雨,地下无水不通船。

你帮讲得贵家的小女,你的情义记千年。

2.

难为够寿候剖出，

Nans weib gous soub houb boub chus,

内骂到久阿奶龙。

Niet mab daox jious as niet longd.

酒你窝这扛埋服，

Jious nib aos zheb gangb manb fub,

这酒板照几北弄。

Zheb jious bans zhaob jis baib nongb.

正客乙埋见弄腊吾到汝代宗久，

Zhenb keb yus manb jeans nongb las wub daob rub daib zongb jious,

好水浪腊代了工。

Haos shuib langb las daib leb gongx.

年年不忘记业主，

Nianb nianb bub wangx jis yeb zhus,

几代久拢红媒公。

Jis daib jious longb hongb meix gongs.

感谢媒人把亲做，父母得了儿媳拢。

酒在碗中敬你喝，喜酒喜饭你开通。

正客你们好似水田有大井水出，好水挖渠开了工。

年年不忘记业主，几代不忘红媒公。

3.

做了媒人不挑担，

Zuob leb meib renb bub tiaos danb,

迷瓦腊会几玩斗。

Mib wab las huis jid wanb doub.

阿柔阿认亲内号扛吉县，

As roub as renb qinb niet haos gangb jis xianb,

斗谢再扛毛兰头。

Doub xieb zaib gangb maos lanb tous.

得那得苟再列难，

Des nab des gous zaib liet nanb,

能列几扣内都标。

Nengb liet jis koub niet dous boud.

常通剖标几没然，

Changb tongb bous bioud jis meix ras，

得候几没到阿吼。

Des houb jis meib daox as houb.

做了媒人不挑担，

Zuos leb meib renb bub tiaos danb，

迷瓦腊会几玩斗。

Mib wab las huib jis wanb doud.

阿柔阿认亲内号扛吉县，

As roub as renb qinb niet haos gangx jib xians，

斗谢再扛毛兰头。

Dous xieb zaib gangb miaos lanb toux.

得那得苟再列难，

Des nab deb gous zaib liet nanb，

能列几扣内都标。

Nens liet jis koub niet dub boux.

常通剖标几没然，

Changb tongs boub bioux jis meib rax，

得候几没到阿吼。

Des houb jis meib daox as houb.

做了媒人不挑担，每次都是打空手。

那时候认亲人送你纪念，新郎又送毛兰头。   毛兰头：方言，指好的服饰。

房族人等喊吃饭，吃饭感谢主人手。

回转我家一方面，豆腐没得吃一口。

4.

媒人召虐浪图猛，

Meis renb zhaob nub langb tus mengb，

吉扣够寿汝巴鸟。

Jib kous goub shoud rub bas niaos.
蒙见弄、
Mengb jeans nongb、
穿针列线窝最兵，
Chuans zhenb liet xianb aos zuib bings，
昂闹几干扛吾漂。
Ghax naob jis ganx gangb wut piaos.
蔡家西虐苟桥弓，
Cans jias xid niux gous qiaob gongb，
仙家叉闹拢几告。
Xians jias chab naos longb jis gaox.
蒙汝阴功久阿充，
Mengb rub yins gongx jious as chongb，
梅葡挂斗你边桥。
Meis pub guas doux nis bians qiaox.

媒人又把工日误，感谢媒人好嘴才。
你好似穿针引那线头出，婚缘红线牵起来。
蔡家从前的缘故，仙家才来下凡间。
你好阴德有用处，有名挂在红桥边。

5.

媒人列捕欧大逃，
Meib rens lieb pub ous dab taox，
从头一二苟萨完。
Congb tous yib erb gous seax wanb.
苟动将召照阿告，
Gous dongb jiangb zhaox zhaob as gaox，
照对打偶球孩先。
Zhaob dis dab ous qiux hans xianb.
阿奶得首你阿告，
As niet des soub nib as gaox，
两下隔水帮通船。

Liangb xias goub shuib boub tongb chuans.

到秋到兰架蒙到，

Daob qius daob lanb jias mengb daox，

嘎弄没求鸟没先。

Gas nongb meib qiub niaos meib xians.

同得达空锐吉报，

Tongb des dab kongb ruib jib baos，

同那十五到团圆。

Tongb nas shid wux daox tuanb yuans.

从浓够柔毕几叫，

Congb nongb gous roux bib jis jiaos，

告柔见共几拢埋。

Gaos roub jianb gongb jis longb manb.

媒人要讲两三句，从头一二把歌玩。
工夫丢开不料理，穿烂几双好球鞋。
一个出生一边地，两下隔水帮通船。
两边开亲结了义，嘴巴有油又有盐。
红线牵通两边喜，月到十五得团圆。
你的深情千年记，记在主人心里间。

6.
难为够寿候几通，

Nans weib goub soub houx jis tongb，

娘婆二架叉见兰。

Niangb pos erb jias chab jeans lanb.

为侯出兰单误工，

Weib hous chub lanb dans wux gongb，

巴虐打内腊嘎关。

Bas niub dax niet las gas guanx.

腊要吾首侯开容，

Las yaob wux soub houb kaib rongx，

侯剖欧告嘎天秆。

Hous boub oud gaox gab tianb gans.

少共窝考猛干容，

Shaob gongb aos kaox mengb gans rongb,

跑通告告留吾斩。

Paos tongb gaos gaob liub wut zanb.

单虐当欧炯吉纵，

Dans niux dangb ous jiongb jib zongb,

夫妻恩爱得长远。

Fub qis enb aib des changb yuanx.

情重几拢蒙媒人，

Qingb zhongb jis longb mengb meid renb,

岔扛柔得柔嘎安。

Cab gangb roux des roub gas anx.

难为媒人帮打通，娘婆二家把亲开。

为帮开亲耽误工，丢工了了日也莫管。

开渠引水灌田中，帮我二面架天杆。

才拿锄头去开工，开通好井清水源。

到期花烛吉日红，夫妻恩爱得长远。

情重不忘红媒公，代代记情不忘怀。

7.

勾度难为够寿起，

Gous dub nanb weix gous soub qis,

几得洞浓勾萨容。

Jis deb dongb nongb gous seax rongb.

天上无云不下雨，

Tianb shangb wux yunb bub xiab yus,

地下无水船不通。

Deib xias wux shuib chuanb bub tongx.

几通吉当列蒙起，

Jis tongb jib dangb liet mengb qix,

勾桥架闹剖浪冬。

Gous qiaob jias naos boux langb dongt.

报答不了你情义，

Baos dab bus liaod nib qingb yis,

出写阿趟嘎拢松。

Chub xies as tangb gas longb songx.

好情记在心中里，

Haos qingb jis zaib xins zhongb lib,

产柔吧就久拢丛。

Chans roub bab jious jiout longb congb.

把话感谢媒人起，大家听我讲一笼。

天上无云不下雨，地下无水船不通。

两面开通就靠你，这座鹊桥是你弓。

报答不了你情义，歌唱一首记情浓。

好情记在我心里，千年万代记心中。

五、唱养女的苦难

1.

窝求浪度嘎包捕，

Aos qiub langb dus gab baos pub,

吧汉浪萨嘎巴完。

Bas hais langb seax gas bas wanb.

列除爷娘父母苦，

Liet chub yeb niangb fub mub kus,

养儿育女拿几难。

Yangb erb yub nvb nas jid nanx.

什么话儿都莫述，百样的歌也莫言。

要唱爷娘父母苦，养儿育女十足难。

2.

首得首嘎难腊难，

Soud deb soub gas nanb las nanb,

内骂起亏一坡叭。

Niet max qib kuis yib pod bas.

老母吉难洞捡胎，

Laos mub jib nans dongb jeans tans.

突见吉上岔吾茶。

Kub jeans jib shangd chax wut cas.

扶育养大费心排，

Fub yus yangb dab feib xins pais.

几奶毕加汉从阿。

Jis niet bib jias hais congb as.

养儿养女很艰难，父母吃亏一坡叭。   一坡叭：方言，指很多。

老母相仪亲捡胎，捡成热水来洗她。

扶育养大费心盘，无人还得母情大。

3.

阿虐首得受苦辛，

As niux soub des soub kub xins,

怀胎生下受苦足。

Huans taib shenb xias soub kub zhus.

龙裙抱住在娘身，

Longb qunb baos zhus zaib niangb shengb,

爱如心肺就苟酷。

Ais rub xins feib jious goub kut.

养儿下地哭三声，

Yangb ers xias deib kub sanb shengb,

到德吉上岔吾估。

Daob des jib shangb cab wut gub.

尼内尼总从母生，

Nis niet nieb zongb congb mus shenb,

内骂浪从毕几久。

Niet mas langb congb bib jis jioux.

生儿之日受苦辛，怀胎生下受苦难。
龙裙抱住在娘身，爱如心肺抱身边。
养儿下地哭三声，金盆热水洗起来。
是人都是父母生，父母恩大深如海。

4.

首见补大就兵竹，

Soub jianb bub dab jious bingd zhus,

补大补内就兵休。

Bus dab bub niet jious bingb xius.

阿爸就召报常酷，

As bab jious zhaob baos changb kus,

洽弄梅崩梅西首。

Qiab nongb meis bengb meib xis soud.

阎王发葡吉高初，

Yuans wangx fab pus jib gaob chus,

立名卦葡睡你头。

Lis mingb guas pub shuib nib tous.

生下三早抱出门，三早抱出门见喜。
阿爸把儿抱在身，婴儿又怕冷风吹。
阎王发下起了名，立名写在红纸里。

5.

就得列苟窝内共，

Jious des liet gous aos niet gongx,

内共少难拢就得。

Niet gongb shaob nans longb jious des.

就单追竹周红红，

Jious danb zuis zhus zhout hongb hongb,

几瓦抱梅吉克内。

Jis wab baob meib jib kes niet.

林拢扛见阿标令，

Liongb longb gangs jianb as boud liongx,

窝板炮腊扛否梅。

Aos bans paox las gangb woud meis.

出门要喊老人抱，老人请来抱出门。

抱到门边哈哈笑，抱看太阳在东升。

长大富贵达官到，做大高官坐朝廷。

6.

虐苦首得卜几抽，

Nius kub soub des pub jis chous,

内骂浪从必几茶。

Niet mas langb congs bib jis cab.

窝得麻提尼内抱，

Aos des mab tib nib niet baos,

得休扛抱窝得卡。

Des xiub gangb baos aos deb kas.

阿吼麻矮尼内够，

As houb man ais nib niet gous,

麻江浪求苟得卦。

Mas jiangb langb qiub gous des guab.

出得外内没耸豆，

Chus de wanb nieb meis songx dout,

再没阿奶龙眼只照你打便。

Zais meib as niet longs yuanb zhis zhaob nis dab bias.

要讲养儿母苦大，父母恩情还不完。

要讲移干就湿话，都是父母受苦难。

苦的粗食母咽下，甜食喂儿又喂奶。

不孝父母天雷打，还有一双龙眼只照在上天。

7.

首得浪求尼难内，

Soud des langb qiub nib nanb niet,

就照报常报兰苦。

Jious zhaob baos changb baos lanb kus.

补就叉能骂浪内，

Bus jioun cab nengb mas langb niet,

窝埋加绒将兵竹。

Aos manb jias rongb jiangb bings zhus.

见内浪牙将几白，

Jeans niet langb yab jiangb jis bais,

江江共娘阿苟吾。

Jiangb jiangb gongb niangx as gous wut.

养儿分上是难妈，抱在心间心怀情。

三年才吃父的粑，刚刚得力嫁出门。

分别父母去婆家，仅仅抬得水桶行。

8.

当日辛苦娘怀内，

Dangb ris xins kud niangb huans nies,

锐列几能吾几夫。

Ruis liet jis nengb wut jis fut.

如水下滩很惭愧，

Rub shuid xias tais henb sanb kuis,

公婆心痛苟得土。

Gongb pos xins tongb gous des tub.

金盆打水来洗汽，

Jins penb dab shuid lais xis qib,

阿虐列酷大奶吾。

As niub lieb kus das niet wut.

少包飘篓亚飘追，

Shaob baos piaob lousy as piaox zuis,

洽弄梅崩梅西久。

Qias nongb meib bengb meis xis jioud.

苟休首兵见补乙，

Gous xius shoud bingb jeans bub yus，

抱爬抱嘎苟葡处。

Baos pab baos gas gous pub chus.

满月背往娘家去，

Mans yue beib wangs niangb jias qux，

常豆不得苟兰酷。

Changb dous bub des goux lanb kus.

嘎婆见孙生美丽，

Gas pob jeans sengb shengb meib lis，

就照抱兰周求求。

Jious zhaob baos lanb zhous quit quit.

当日辛苦娘怀内，饭菜不吃水不喝。

如水下滩很惭愧，公婆心痛莫奈何。

金盆打水来洗汽，一天要洗几次多。

又洗前胸洗后背，怕冷包被热火火。

婴儿生下三早内，杀猪杀鸡把名做。

满月背往娘家去，要往娘家走外婆。

外婆见孙生美丽，抱在胸前笑呵呵。

9.

告冬休得内苦红，

Gaob dongb xiub des niet kub hongs，

就照报常扛能妈。

Jius zhaob baos changb gangx nengb mas.

能特得昂潮中中，

Nengb tenb des guas chaob zhongb zhongb，

将这列猛苟得挂。

Jiangb zhet liet mengb gous des guab.

将照摇兰苟吉共，

Jiangb zhaob yaob lans gous jib gongx,

洽弄梅崩梅西洽。

Qiab nongb meis bengb meis xis qiax.

得休然软亚洽弄,

Des xiub rab ruanb yas qiab nongb,

内抱得台得抱卡。

Niet baos des taib des baob kas.

没昂不猛窝堂总,

Meib ghas bub mengb aos tangb zongb,

出昂出让偷苟昂。

Chus ghab chus rangb tous gous ghax.

扛白扛糖都是空,

Gangb bais gangb tangb dous shid kongb,

乙难得苟乙昂抓。

Yus nanb des gous yub ghas zhas.

出内挂得莎单弄,

Chub niet guab des sha danb nongt,

几没阿逃不麻加。

Jis meib as taox bub max jias.

内酷得苟照窝洞,

Niet kub des gous zhaob aos dongb,

得苟莎尼内浪昂。

Des goux shax nib niet langb ghax.

列得酷内都是空,

Lieb des kub niet dub shib kongb,

尼总完全莎想假。

Nib zongb wanb qians shab xiangb jiax.

幼儿之时母苦累,抱在身边来喂奶。
吃饭之时儿哭泣,放碗要去哄儿来。
将儿放在摇篮内,怕冷又找棉裙盖。
幼儿夜尿怕冷气,娘卧湿来儿卧干。
有时背到客堂里,娇儿故意又哭喊。

送粑运糖不理会，越哄越哭闹翻天。
娘母哄儿出汗水，没有一句骂起来。
母爱小儿在心里，小女都是娘心肝。
要儿孝母不在意，是人完全难理解。

10.

阿虐首得辛苦内，
As niub soud des xinb kub niet,
列酷迷就得叉林。
Lieb kub mib jioub des chas liongb.
补就叉能骂浪白，
Bub jius chab nengb mas langb baib,
比就会苟列内炯。
Bib jius huib gous lieb niet jiongb.
比便照就内江克，
Bib bias zhaob jiub niet jiangb keb,
七八九岁过了童。
Qib bas jious suib guob leb tongx.
谷就偶浓求帮舍，
Gub jius oub nongb qiub bangb soux,
阿谷欧就留到打油卡打容。
As gub ous jiux lius daob das youx kas dab rongb.
阿谷比就江江尼候内出特，
As gub bib jious jiangb jiangb nib houb niet chub tous,
阿谷照就出苟冬。
As gub zhaob jius chub gous dongt.
长大十八本可也，
Zhangb dab shid bab bengb keb yeb,
送闹内标出内龙。
Songb naob niet boud chub niet nongx.
内骂窝起莎儿客，
Nieb mas aos qib shab jis keb,
五梅吉江篓见兄。

Wub meib jib jiangb lous jianb xiangb.

生儿之时辛苦妈，要养几岁儿长成。
三年才吃父的粑，四岁走路要人引。
四五六岁慢慢大，七八九岁快成人。
十岁割柴上山崖，一十二岁守的牛羊上山岭。
一十四岁仅仅帮得把厨下，一十五岁人很勤。
长大十八一朵花，嫁去婆家做新人。
父母心中放不下，泪水流下哭声吞。

11.

阿从够挂欧从捕，
As congb gous guab ous congb pub,
卜内卜蒙埋浪从。
Pub niet pub mengb manb langb congb.
首得受挂拿几苦，
Soub des soub guab nas jix kub,
昂弄弄拢列抄松。
Ghab nongb nongs longb liet chaob songx.
补就水逃会几五，
Bub jius shuib taob huis jib wub,
单约便就寿几岭。
Daib yos bias jiub soub jis liongx.
满足七岁送读书，
Manb zhub qub suib songb dub shud,
学习文化安理松。
Xieb xib wenb huas ais lib songx.
阿谷打就章林久，
As gub das jiub zhangb liongb jiux,
龙内龙骂列几分。
Longb niet longb mas liet jis fenb.
女嫁男婚传自古，
Nv jiax nans huenb chuanb zis gub,

得拔纵尼内浪龙。

Des pab zongb nib niet langb longx.

冬豆尼兄龙拢出，

Dongb doub nib xiongs longd longb chus,

就梅吉克阿板冬。

Jius meib jis kex as baob dongt.

一层唱过二层数，岳父岳母的恩情。
养儿受过很多苦，一年四季要操心。
三年两岁才学步，到了四岁还要引。
满了七岁送读书，学习文化知礼行。
一十几岁花一朵，离开父母要嫁人。
女嫁男婚传自古，男女总是要结婚。
人间都是这样做，普平天天如此行。

12.

堂抢喂除萨忙容，

Tangb qiangb weib chub seax mangb rongx,

朋够几到窝求友。

Pongb gous jid daob aos qiub yous.

扑内扑蒙埋浪从，

Pub niet pub mengb manb langb congb,

阿虐首得嘎养口。

As niux soub des gab yangb kous.

勾让否拢扛内炯，

Gous rangb woub longb gangb niet jiongb,

吉飘窝闹通窝斗。

Jis piaob aos naob tongb aos doux.

洽弄跟倒首大崩，

Qias nongb gengb daob shoub dab bengb,

莫送冷风片窝否。

Mob songb lens fongx pianb aos woux.

妈你窝叫能句容，

Mas nib aos jiaox nenb jub rongb，

背叫浪昂莎炯勾。

Beib jiaob langb ghax shax jiongb gous.

阿谷打就亚章林，

As gub dab jious yax zhangb liongb，

人材松汝桃花某。

Renb caib songb rub taob huas moux.

勾拢将闹剖浪冬，

Gous longb jiangb naos boux langb dongx，

将闹剖冬剖浪标。

Jiangb naos boub dongx bous langx boud.

同图章拢扛林林，

Tongb tub zhangb longb gangs liongb liongb，

汝图花录章汝勾。

Rub tus huas lub zhangb rub gous.

毕拿打缪包拿声，

Bib nas dab mious baos nad shongb，

同声窝昂寿出抽。

Tongb shongb aos ghab shoub chub chous.

让斗亚要否浪阿秋浓，

Rangb dous yaob youb langb as qiub nongx，

擂锐亚要阿让勾。

Liex ruis yas yaob as rangb gous.

就没吉克阿板冬，

Jius meib jis keb as banb dongx，

皇上不能养女子。

Huangb shangx bub nengb yangb nvx zis.

再斗大哥大嫂句酷蒙，

Zais dous dabv guos dab shaob jub kub mengb，

勾冬麻让几久投。

Gous dongb mad rangb jis jiub toux.

待情不到嘎拢松，

Danb qingb bus daox gas longs songx，

总列出起嘎管否。

Zongb lieb chus qub gas guans woux.

一堂人众听歌云，想唱不能唱几首。

岳父岳母的恩情，儿女生下苦养育。

女儿她来送你引，抚脚摸腿又到手。

怕冷又厚包衣裙，莫送冷风吹打抖。

奶在胸间喂儿饮，膝上肉皮都坐瘦。

一十多岁又长成，人才美似桃花某。

许口嫁到我们村，我家小哥配妻室。

如竹似木发满岭，大树发芽果满枝。

发如鱼虾游海深，如同鱼虾东海游。

这次打柴少她背一捆，打菜少她一背篓。

抬眼要看世间人，皇上不能养女子。

还有大哥大嫂养你们，工夫有儿有嫂做。

待情不到莫冷心，总要宽想莫忧愁。

六、唱嫁女

1.

萨休喂捕扛阿蒙，

Seax xius weib pub gangb as mengb,

出萨大逃苟包蒙。

Chus seax dab taob gous baos mengx.

首林亚单窝昂送，

Soud liongb yas danb aos ghangb songx,

单约豆就昂几分。

Dans yob dous jiub ghangb jis fengb.

送拢扛见阿标令，

Songb longb gangb jeans as boud liongb,

扛否出斗剖浪冬。

Gangb woub chub dous bous langb dongb.

歌言要唱送岳母，唱歌一首感谢你。
养女长大要嫁出，到了时候要分离。
送来让她成大富，发达兴旺才可以。

2.

花轿太单追板地，
Huab qiaox tais daib zuib bans des，
费力阿高麻接亲。
Feib lis as gaob mab jiet qinb.
得休儿猛腊召记，
Des xiub jis mengb las zhaob jis，
腊召吉打得麻炯。
Las zhaob jib dab des mab jiongb.
苟休会单追板地，
Gous xius huib dans zuib bans deb，
见内浪牙阿散猛。
Jeans niet langb yas as sanb menb.

花轿抬到门外边，费力一帮人接亲。
女儿不走也要撵，依依不舍痛在心。
女儿出走到门外，从此一别把家分。

3.

拔秋常送追竹吹，
Pab quit changb songb zuis zhub cuis，
最纵吉克拔秋先。
Zhuis zongs jib keb pas qiub xianb.
活像龙王的小女，
Heb xiangb longb wangx des xiaob nv，
排子排样溜溜见。
Pais zis paib yangb liud liud jeans.
拔秋下轿里头归，
Pas qiub xias qiaob lis toux guis，

忙行几步进了来。
Mangb xings jis bux jins leb lais.

新娘走到门边内，是人都看新娘来。
活像龙王的小女，排子排样桃花开。
新娘下轿里头归，忙行几步进了来。

4.

送见剖苟红庚睡，
Songb jeans bous gous hongb genb shuib，
到虐包埋常告阿。
Daob nius baos manb changb gaos as.
三合选好年月利，
Sanb heb xians haos nianb yie lis，
月利相同不是假。
Yies lis xiangb tongx bubs hid jias.
则秋叉拢通埋追，
Zes qiub chas longb tongb manb zuis，
吉豆炮头内腊昂。
Jis doub baos toub niet las ghas.
苟休几猛腊列记，
Gous xiub jis mengb las liet jis，
皮记皮出阿起挂。
Pib jis pib chub as qib guas.
苟休猛单追板地，
Gous xiub mengb dans zhuis bans deib，
得昂拿挂内浪昂。
Des ghangb nas guax niet langb ghangx.
父母不必多悲泪，
Fub mub bus bib duos beib liex，
几奶浪牙几奶加。
Jis niet langb yas jis niet jias.
皇上公主要成配，

Huangb shangx gongb zhus yaos chengb pix,
板冬浪牙尼陇阿。
Bans dongb langb yas nix longb as.

过礼取得红庚回，吉日报到你们家。
三合选好年月利，月利相同不是假。
迎亲才来到你地，放了爆竹你泪洒。
女儿不走劝她去，边劝边流眼泪花。
女儿走到门边内，她哭似割心肝下。
父母不必多悲泪，哪个女儿都要嫁。
皇上公主要成配，女儿她要成一家。

5.
　　弄忙则秋龙从从，
　　Nongb mangb zes quit longs congb congb,
　　吉豆炮头窝见潮。
　　Jis dous paob tous aos jianb chaox.
　　包扛转照窝声拢，
　　Baos gangb zhuanb zhaob aos shongb longx,
　　太照比周阶檐飘。
　　Tais zhaob bis zhous jieb yuans piaos.
　　热情走到你家中，
　　Roub qingb zous daob nis jias zhongb,
　　剖内能抽苟斗窝。
　　Bous niet nengb chos goub doux aos.
　　酉时将近六点钟，
　　Yous shid jiangb jinb lius dianb zhongb,
　　兄狗布纵内茶闹。
　　Xiangb gous bub zongx niet cab naos.
　　兄爬浪昂内包猛，
　　Xiangb pab langb ghangx niet baos mengb,
　　寨内无人静悄悄。
　　Zaib niet wub renb jins qiaos qiaob.

单约半夜兄兄拢，

Dans yob baib yeb xiongb xiongb longb，

欧奶内骂溜溜标。

Ous niet niet mas liux liux bous.

兄尼吉包求兄炯，

Xiongb nis jib baos qiux xiongb jiongb，

过了寅时才到卯。

Guos le yinb shid caib daos maos.

阿腊送秋吉难拢，

As las songb qiub jis nanb longb，

休色送吾自休闹。

Xius seb songb wub zis xiub naos.

斗度窝起卜几兵，

Dous dub aos qix pub jis bingb，

召捕阿逃嘎几包。

Zhaos pub as taob gas jib baob.

前晚迎亲来家中，烧那爆竹震天高。

包扛捆在贴纸红，摆在门外阶檐飘。

热情走到你家中，我们饱饭把火烧。

酉时将近六点钟，戌时黑过洗脚了。

到了亥时的当中，寨内无人静悄悄。

半夜子时心事重，父母二人忙开了。

丑时寅时过时空，过了寅时才到卯。

一帮陪亲都来拢，打伞马上出门了。

有话心中讲不准，只有一句费心劳。

七、唱引亲娘

1.

打逃卜包引亲娘，

Das taob pub baos yinb qins niangb，

有话难为一点点。

Yous huab nans weib yis dianb dianb.

儿女高上生满堂，

Ers nvs gaos shangb shengb manb tangb，

强半事情才来喊。

Qiangb bais shid qingb caib lais hanx.

就标吉伞图窝梁，

Jius boux jis sanb tub aos liangx，

到汝内秋叉汝兰。

Daos rub niet qius chab rub lans.

同内出茶当克昂，

Tongb niet chus cab dangb keb ghangx，

发汝敏录岭才斩。

Fas rub mis lux liongb caib zanb.

送腊汝浪当腊江，

Songb las rub langb dangx las jiangb，

欧告汝秋到汝兰。

Ous gaob rub qiux daob rub lans.

吉口蒙浪浓总况，

Jis kous mengb langx nongb zongb kuangs，

阿逃难为话总管。

As taob nanb weib huas zongb guans.

歌唱又报引亲娘，有话难为一点点。

儿女高上生满堂，前后都好才来喊。

起屋选那好木梁，引亲娘好大发财。

好似耕春望秋粮，发达兴旺到永远。

送也顺是接也当，两家发旺万千年。

感谢你的恩情长，一句难为话总管。

2.

歌言唱送引亲娘，

Geb yuans changb songb yinb qins niangb，

吉伞蒙汝阿奶拔。

Jis sanb mengb rub as niet pas.

同图就标伞窝梁，

Tongb tus jiub bous sanb aos liangx，

发照背高单窝便。

Fas zhaob beib gaos danb aos bias.

家内吉标汝全堂，

Jias niet jis boud rub qianx tangs，

告豆汝得亚汝嘎。

Gaos doub rub des yab rub gas.

头上父母更齐强，

Tous shangb fub mub genb qis qiangx，

百岁炯通阿吧阿。

Bais suib jiongb tongs as bas as.

乙候内出腊乙江，

Yus houb niet chus las yub jiangx，

发达兴旺同内帮。

Fas dab xins wangb tongb niet bangs.

夫妇同老寿年长，

Fub hus tongb laos soub nianb changb，

窝虐快夫求杀萨。

Aos niub kuais fub qius shax seax.

歌言唱送引亲娘，挑选你个好美女。
起屋要选好木梁，发枝发叶从菀起。
家内前后好全堂，膝下好儿又好女。
头上父母更齐强，百岁坐到二十几。
你来引亲是正当，发达兴旺从此去。
夫妇同老寿年长，龙凤朝阳生光辉。

3.

阿图炯秋溜溜苦，

As tub jiongb qiub lius lius kub，

辛苦阿图引亲娘。

Qins kub as atub yinb qinb niangb.

半夜三更会几补，

Bans yeb sanb genb huis jib pux,

炯勾将闹剖浪当。

Jiongb gous jiangb naob bous langx dangb.

吾弄抬蒙浪补油，

Wub nongb tais mengb langb pus youx,

弄篓窝叫莎几羊。

Nongb lous aos jiaob shax jis yangb.

同图松见久几苦，

Tongb tus songb jianb jious jib kus,

汝图叉山出窝梁。

Rub tub cas shanb chus aos liangx.

他弄蒙单相蒙汝，

Tas nongb mengb dans xiangb mengb rus,

好上加好万年长。

Haos shangb jiab haos wanb nians changx.

一位引亲娘辛苦，辛苦一个引亲娘。
半夜三更把门出，引那新娘出家乡。
汗水湿透你衣服，浑身汗流如水涨。
你是大厦好梁木，好木好梁家兴旺。
今天你来带福禄，好上加好万年长。

4.

难为内秋浪行上，

Nans weib niet qiub langx xingb shangb,

要弄钱色列关否。

Yaos nongb qianb seb liet guans woux.

阴功修汝奈几娘，

Yins gongb xious rub nanb jis niangx,

生下麒麟汝贵子。

Shengb xias qib lingb rub guis zis.

五男二女首出忙，

Wus nanb erb nvb shoud chus mangx，

毕拿打声包拿缪。

Bis nab das shongx baos nad mioux.

你出阿标汝榜样，

Nis chus as boux rub bangs yangx，

炯汝最比亚最缪。

Jiongb rub zuis bib yas zuis mious.

吉散扛蒙炯勾让，

Jis sanb gangb mengb jiongb gous rangx，

蒙炯拔秋会兵勾。

Mengb jiongb pas qiux huis bingb gous.

毕求大朋炯得出阿忙，

Bis qiub dab pongb jiongb des chus as mangb，

毕求蜂王炯闹柔。

Bis qiub fongb wangx jiongb naos roux.

拢单候剖勾包将，

Longb dans houx bous gous baos jiangx，

人财两旺得长久。

Renb cais liangb wangb des changb jious.

毕从几没窝求扛，

Bis congb jis meib aos qioub gangx，

难为阿逃召虫标。

Nanb weib as taob zhaob congb bous.

婆家浪标做不像，

Pos jias liangb bous zuos bub xiangb，

蒙列宽想远看克几够。

Mengb lieb kuans xiangb yuanb kais keb jis goub.

难为引亲的行上，少话填言莫心忧。

阴功修好有福相，生下麒麟好贵子。

五男二女都来养，多如鱼虾海中游。

坐成一家好榜样，五代同堂乐悠悠。

挑选送你引亲娘，你引新娘出门走。
好似蜂蜜桶内的蜂王，好似蜂王一家子。
到边就把被子放，人财两旺得长久。
陪情不起记情上，感谢一句总管头。
婆家主人做不像，你要宽想远看望长久。

5.

莎忙列除引亲娘，
Shax mangb liet chus yinb qins niangb,
勾度包蒙照拢周。
Gous dub baos mengb zhaox longb zhous.
儿女高上生满堂，
Erb nvb gaos shangx shengb manb tangx,
最闹最半奈蒙友。
Zuis naos zuis bans nans mengb yous.
内汝达起首出帮，
Niet rub dab qib soux chus bangx,
炯得吉偶求剖标。
Jiongb des jib oux qius bous boux.
就标吉山图窝梁，
Jius boub jis shanb tux aos liangx,
汝图话录章汝勾。
Rus tub huas lub zhangb rub gous.
同声窝昂白儿养，
Tongb shongb aos ghangx bais jis yangb,
归拿打声包拿缪。
Guis nab dab shongb baos nab mious.
辛苦蒙列嘎儿江，
Xinb kus mengb liet gas jib jiangx,
亲戚欧告望长久。
Qingb qib ous gaob wangb changb jious.

歌中要唱引亲娘，把话报你讲得清。

儿女高上生满堂，前后都齐好得很。
五男二女养成帮，全面都好你引亲。
起屋挑选好木梁，好苑好树又好根。
如同群虾满海江，似那鱼群游海深。
辛苦你了话莫讲，亲戚两家记你情。

八、唱背亲小舅子

1.

拔秋急内卜阿从，

Pab qiub jis niet pub as congb，

大标昂蒙嘎想加。

Das boub ghangx mengb gas xiangb jias.

吉炯内浪妈能林，

Jis jiongb niet langb mas nengb liongx，

子球高上不离花。

Zis qiub gaos shangb bub lix huas.

牙让兵苟列蒙炯，

Yas rangb bingb gous liet mengb jiongb，

同故窝图儿北叉。

Tongb gub aos tub jis baix cab.

蒙尼窝宝否尼绒，

Mengb nis aos baos woub nis rongb，

宝会嘎儿绒嘎阿。

Baos huib gas jib rongb gas as.

春天栽树下了根，

Chenb tians zaib shub xias leb genb，

笔得吉白亚通嘎。

Bib des jib bais yas tongx gas.

见鸟见弄难久炯，

Jianb niaos jianb nongb nans jious jiongb，

费力当孟汉昂阿。

Feib lib dangb mengb hais ghax as.

新娘兄弟讲一层，举着火把费力大。

共吃娘奶都长成，子球高上不离花。

妹妹出嫁要你引，好似树木发枝丫。

你是龙宝她龙神，龙神跟着那宝耍。

春天栽树下了根，养儿又把孙来发。

红鸾添喜报你们，费力等望不是假。

2.

卜牙拔秋浪计内，

Pub yas pas qiub langb jis niet,

洞喂内共岔包蒙。

Dongb weib nieb gongb cab baos mengb.

单虐几怕蒙苟梅，

Danb niub jis pas mengb gous meix,

苟拢送扛剖出龙。

Gous longb songb gangb bous chub longs.

必求那欧浪忙得，

Bis qiub nas ous langx mangb des,

逢春午未要分明。

Fongb chenb wub weib yaob fenb mingb.

会送豆竹自休色，

Huis songb doub zhus zis xius seb,

苟让送拢列蒙炯。

Gous rangb songb longb liet mengb jiongx.

排照窝起莎几克，

Pais zhaob aos qib shax jis keb,

五梅吉江篓见兄。

Wub meib jis jiangb lous jianb xongb.

斗半斗腊几没为，

Dous bans dous las jis meib weib,

告洞腊矮周那林。

Gaob dongb las loux zhous nab liongb.

将善斗蒙苟酷内，

Jiangb sanb dous mengb gous kub nieb，
候扛麻拢酷麻能。
Hous gangb mas longb kus max nengb.
嘎忙等望苟休否拢克，
Gas mangb dengb wangb gous xius woub longb kex，
苟梅否炯内浪总。
Gous meib woux jiongb niet langb zongb.
挂欠列送大奶白，
Guas qianb liet songb dax niet bais，
酷兰列扛茶苟冬。
kus lanb liet gangb cab gous dongx.

又唱新娘的兄弟，听我把话报你听。
到期分别你姐妹，嫁到我村我家门。
好似二月的蜂蜜，逢春午未要分明。
走到门边伞打起，妹妹出嫁要你引。
想在心里不过意，泪水流下心不忍。
出门没有了田地，大田宽地留你们。
孝敬父母望靠你，养老尽孝要用心。
不要等望妹妹娘家回，妹妹她是婆家人。
挂念只送一些礼，要等农闲才走亲。

3.

洞剖勾萨出阿气，
Dongb bous gous seax chus as qib，
洞喂内然出萨玩。
Dongb weib niet rab chus seax wanb.
弄忙则秋拢单闹埋追，
Nongb manb zes qiub longb dans naos manb zuis，
勾埋阿忙不安然。
Gous manb as mangb bus anb ranb.
时辰到了你们又注意，
Shid chenb daob les nib menb youb zhub yis，

急忙把那小姐喊。

Jis mangb bas nab xiaos jied haib.

休闹会单干元弟，

Xius naos huis danb ganx yuanb dis，

跟倒达吾休色先。

Genb daox dab wub xius seb xianb.

几怕勾梅心劳累，

Jis pab goub meib xinb laob liex，

想照打奶流泪眼。

Xiangb zhaob dab niet lioub liex yuanb.

阿气阿，

As qib as，

陪秋拢单最提提，

Peib qiub longb danb zuis tib xins，

尼纵完全莎拢单。

Nis zongb wanb qianb shax longb dans.

你一句来我一句，

Nis yib jub lais wob yis jub，

叉勾蒙得浓棍草兔。

Cab gous mengb des nongb ghenb caob mians.

大家要往前头去，

Dab jias yaob wangb qianx toub qub，

急忙把那时辰赶。

Jis wangb bas nab shid chenb gans.

爬坡翻岭不怕累，

Pas pob fanb liongb bub pas lieb，

他欧他叫西几玩。

Tas oub tab jiaos xib jis wanx.

拢单剖浪厨房浪久不伶俐，

Longb danb bous langx chub fangb langb jious bub linx lis，

出列哭早吉想先。

Chus liet kub zhaos jis xiangb xianb.

埋列忍忍饶饶莫生气，

Manb lie trenb renb raos raos mob shengb qib,
剖浪兵盘几到昂勾板。
Bous langb bingb pais jix daob ghangb gous bans.
他弄空口来难为，
Tas nongb kongb kous lais nanb weib,
出写阿挡想几宽。
Chus xieb as dangb xiangb jis kuanx.

听我把歌唱一会，听我蠢人把歌玩。
前天迎亲才到你家里，让你一夜不安然。
时辰到了你们又注意，急忙把那小姐喊。
动脚走到门边内，马上把伞来打开。
分别姐姐心劳累，想到分别流泪眼。
那时候，陪亲的人都来齐，是人完全都到边。
你一句来我一句，才把你的忧愁免。
大家要往前头去，急忙把那时辰赶。
爬坡翻岭不怕累，汗水流出把衣解。
到边我们厨房厨手不伶俐，还没熟饭来招待。
你们忍忍饶饶莫生气，我们盘中没得肉丝摆。
今天空口来难为，心里也要想得宽。

4.

难为不秋蒙浪久，
Nans weib bub qiub mengb langb jious,
从汝久拢你窝起。
Congb rub jious longb nis aos qib.
得浓内扛蒙留标，
Des nongb niet gangb mengb lius boux,
勾梅将闹剖让你。
Gous meib jiangb naos bous rangx nis.
汝虐不秋会兵勾，
Rus niub bus qius huis bingb gous,
吉他两下要分离。

Jis tas liangb xias yaob fenb lib.

几怕纵列加阿柔，

Jis pab zongb lieb jias as roub,

吾没吉江同酒吹。

Wub meib jis jiangb tongb jious cuis.

几列纵草吉加否，

Jis lieb zongb chaob jis jiab woux,

打奶吉打打奶起。

Dab niet jis dab dab niet qix.

西虐强强出阿标，

Xis niub qiangb qiangb chus as boud,

将兵内报叉首毕。

Jiangb bingd niet baos cab soub bib.

纵列出起洞关否，

Zongb liet chus qib dongb guanb woux,

出汝几篓勾从毕。

Chus rub jis lous gous congb bis.

难为背亲费心劳，好情记在我心内。
男儿守家来尽孝，女儿出嫁才归理。
吉日背亲出门了，出嫁两下要分离。
分别总要把心操，泪眼流下如酒水。
你心悲伤她难熬，各人安慰各自己。
此前一家坐好好，男婚女嫁才发齐。
不要悲痛心莫恼，好情人把心中记。

5.

不秋浪久蒙列洞，

Bus qiub langb jious mengb liet dongx,

勾度包蒙照拢周。

Gous dub baos mengb zhaob longb zhous.

勾梅兵竹蒙拢送，

Gous meib bingb zhus mengb longb songd,

送牙勾通剖浪标。

Songb yab gous tongb bous langb bous.

几炯会单干元龙，

Jis jiongb huis danb gais yuanb longb,

出牙度蒙浪阿斗。

Chus yab dub mengb langb as doux.

灯龙火把抓窝穷，

Dingb longs huod bas zhas aos qiongb,

抓穷穷蒙也要走。

Zhas qiongb qiongb mengb yeb yaos zous.

招待不周管否红，

Zhaos danb bus zhous guanb woub hongb,

单玉出起列管否。

Dans yub chus qib liet guanb woux.

新娘弟兄你要听，把话报你在耳边。

妹子出嫁你来引，送她嫁到我家来。

一同动脚走出门，兄妹一同把手牵。

灯笼火把照得明，烟大熏你也要挨。

招待不周莫怒心，宽宽地想心莫管。

九、唱伴娘

1.

阿从卜挂欧从浪，

As congb pub guas ous congb langb,

吉口一占麻陪秋。

Jis koub yis zhanb man peib qiub.

卜召几怕埋加养，

Pus zhaob jis pab manb jiax yangb,

到埋点点莎几服。

Daob manb dianb dianb shax jis fub.

同个得后几白江，

Tongb geb des houb jis bais jiangx,

难到苟长出阿足。

Nanb daob gous zhangb chus as zhub.

酷骂几走列告昌，

Kus mab jis zhous liet gaos changb,

好比难到苟长足。

Haos bib nanb daox gous changb zhus.

一层唱了二层唱，辛苦一些陪亲来。

你们分开心悲伤，好朋好友拆分开。

如同豆腐分了箱，难得合圆做一块。

走亲几时相逢上，好比难得一起来。

2.

辛苦打图勾秋陪，

Xis kub dab tub gous qiub peib,

阿腊培秋阿勾陇。

As las peib qius as goub longx.

你忙埋拢作作急，

Nis mangb manb longb zuos zuos jix,

想明拢通剖号拢。

Xiangb mingb longb tongx bous haos longb.

加锐加列嘎斩起，

Jias ruis jias liet gas zanb qib,

单意出起关否风。

Dans yib chis qib guans woub fongb.

陪礼几到求勾陪，

Peib lis jid daob qiub gous peib,

宽想远看嘎拢松。

Kuans xiangb yuanb kans gas longb songx.

汝浓交圈勾转比，

Rub nongb jiaos qianb gous zhuanb bis,

达吾几玩闹追公。

Das wub jis wanb naos zuis gongb.

尼纵克咱配腊配,

Nis zongb keib zhas peib lab peib,

排子排羊拿几浓。

Pais zis paib yangb nas jid nongb.

够寿克咱勾格利,

Gous shoub keb zhas gous geb lis,

各处几兵岔汝崩。

Geb chub jis bingb cab rub bengb.

勾牙将闹阿交几,

Gous yab jiangb naos as jiaob jis,

过信包剖跟倒拢。

Guos xinb baos boud genb daob longb.

几炯吉龙出夫记,

Jis jiongb jis longd chus fub jib,

陪情自尼阿瓦拢。

Peib qingb zis nib as wab longb.

辛苦几位把亲陪,一帮陪亲费力很。
昨夜到家促促急,天还没亮出了门。
饭茶差了不中意,都要耐烦莫怒心。
陪礼没有什么陪,宽想远看心头忍。
你们容貌很美丽,桃花美丽色色新。
是人看见都赞美,排子排羊好得很。
媒人见了动心里,各处做媒找爱人。
你们若嫁哪里去,来信报我就来跟。
一路同走把你陪,陪情就是如这等。

3.

陪秋浪久费力红,

Peib qiub langb jious feib lis hongb,

早尼弄忙包几见。

Zhaos nib nongb mangb baos jis jianx.

休闹会单干元拢，

Xius naos huib danb ans yuanb longb，

会闹内勾乖干干。

Huis naos niet gous guanb ganb gans.

勾埋难斩亚难弄，

Gous manb nans zanb yas nanb nongd，

几爬吉从号拢安。

Jis pax jis congb haos long bans.

阿板怕猛阿冬送，

As bans pab mengb as dongb songx，

没度几扑扑几单。

Meib dub jis pub pub jis danb.

想长几走阿勾炯，

Xiangb zhangb jis zhous as goub jiongb，

当孟那阿昂酷见。

Dangb mengb nas as ghax kus jianb.

陪亲的人费力很，可怜昨夜睡不安。
昨天你们走出门，夜路道途看不见。
你们受寒又受冷，到边坐卧不安然。
一帮朋友拆分开，有话要讲难见面。
想要相逢都要等，等到正月拜年来。

4.

阿腊陪秋洞喂刚，

As lab peib qiub dongb weib gangx，

几得洞浓浪萨。

Jis des dongb nongb langb seax.

坐在家中是一帮，

Zuos zanb jias zhongb shid yib bangb，

几苦吉龙出阿足。

Jis kub jib longd chus as zhub.

长大各人走一方，

Zhangb dab geb renb zous yib fangb,

阿奶怕闹阿叉吾。

As niet pas naob as cab wux.

同个得后几白江,

Tongb ges de houb jis bais jiangx,

难到长拢出阿足。

Nans daob zhangb longb chus as zhub.

窝虐挂见叉到长,

Aos niub guab jianb cab daox changb,

那阿窝虐叉长足。

Nas as aos niub cab changb zhub.

代慢埋列嘎加想,

Dais manb manb liet gas jiab xiangb,

宽想远看才有福。

Kuais xiangb yuanb kans caib yous fub.

一帮陪亲听我讲,听我又把歌言述。

坐在家中是一帮,朋友相好成一坨。

长大各人嫁一方,一个分开一方住。

好似豆腐分了箱,难得合成做一组。

要到拜年走父乡,正月相遇才知足。

怠慢你们莫歪想,宽想远看才有福。

十、唱新郎

1.

那苟乙,

Nas gous yub,

蒙浪汝欧当到单久纵,

Mengb langb rus ous dangb daox dans jioub zongs,

克干候蒙头吉年。

Keis ganb hous mengb tous jib nians.

人想玉藏话想容,

Renb xiangb yus changb huas xiangb rongb,

毕求五山人义单。

Bis qiub wub shuanb renb yus danb.

花街柳巷列嘎兄,

Huas jieb lius xiangb liet gas xiongb,

走召汝崩列嘎贪。

Zhous zhaob rub bengb liet gas tans.

忙拢苟萨拢沙蒙,

Mangb longb gous seax longb shax mengb,

喂够吉板扛蒙安。

Weib gous jib bans gangb mengb ans.

小兄弟,你的好妻接进你家门,看见大家都喜欢。

相亲相爱好深情,好似结义在桃园。

花街柳巷莫走行,香花野草不要采。

现在把歌教你们,我要唱送你知全。

2.

日育批兵想蒙尼,

Ris yib pib bingb xiangb mengb nib,

吊到选择浪度友。

Diaos daob xianb zeb langb dub yous.

埋欧奶崩欧见弄新元配了梅良玉,

Manb ous niet bengb ous jianb nongb xingb yuanb peib leb meib liangb yus,

团圆苟照子吕标。

Tuanb yuanb gous zhaos zib lib boux.

没内蒙猛花街会,

Meib niet mengb mengb huas jieb huib,

走召汝崩列嘎偷。

Zous zhaob rub bengb liet gas toub.

列卜埋欧奶崩欧浪情义,

Liet pub manb ous niet bengb ous langb qingb yis,

会闹号几出阿苟。

Huis naob hais jid chub as goub.

今日成家大满意，依照选择的话讲。
你们两个夫妻新元配了梅良玉，团圆就在子公养。
有日走过花街内，碰见好花不要想。
要讲你们夫妻二人的情义，走到哪里要一双。

十一、唱新娘

1.

斗度拔秋列加捕，
Dous dub pas qiub iet jias pub,
喂卜几洽蒙几将。
Weib pub jis qiab mengb jis jiangb.
在家由父嫁从夫，
Zais jias youb fub jiab congb fub,
久同蒙你内骂吉标浪窝昂。
Jious tongb mengb nis niet mas jib bous langb aos ghangx.
剖浪苟让岔蒙尼岔补，
Bous langb gous rangb cab mengb nib cab bus,
乖从弟爬列蒙方。
Guans congb dib pab liet mengb fangx.
孝敬公婆尊丈夫，
Xiaos jinb gongb pos zhenb zhangb fub,
豆度嘎崩列浪当。
Dous dub gas bengb liet langb dangb.

新娘的歌也要述，我讲不怕你不愿。
在家由父嫁从夫，不同你在父母家中的世界。
我们兄弟找你洗衣裤，黑脏补洗靠你来。
孝敬公婆尊丈夫，双方讲话要耐烦。

2.

拔秋列够欧打逃，

Pas qiub liet gous oub dab taob,

够加够汝嘎儿江。

Gous jias gous rub gas jis jiangx.

茶闹候崩猛梅笑，

Cab naos hous bengb mengb meib xiaob,

将照苟篓列浪当。

Jiangb zhaob gous loub lieb langb dangb.

几瓦叫巴苟吾泡，

Jis wab jiaos bax gous wut paob,

出写阿挡列起筐。

Chub xieb as dangb liet qib kuangx.

要唱新娘的歌言，唱好唱丑请莫管。
洗脚准备鞋袜来，放在公婆的当面。
端起热水倒在先，心里想的要宽宽。

3.

拔秋喂捕扛蒙洞，

Pas qiub weib pub gangb mengb dongb,

萨泡沙蒙列嘎否。

Seax paos shax mengb liet gas woub.

送通内标浪情分，

Songb tongb niet boud langb qingb fenx,

样事完全要你知。

Yangb shid wanb qianb yaox nib zhis.

内沙内保蒙列洞，

Nieb shax niet baos mengb liet dongb,

三从四德恩爱有。

Sanb congb sid deb enb ais youx.

父母公婆要孝敬，

Fub mub gongb pos yaob xiaob jinb,

尊敬丈夫合细久。

Zuns jub zhangb fub heb xib jious.

热水先把爷娘送，

Rous shuid xiangb bas yeb niangb songb,

列扛阿内阿蒙茶起头。

Liet gangb as niet as mengb cab qib toub.

清早莫把婚床困，

Qingb zhaos mob bas henb changb kuenb,

起暗各人自害羞。

Qib ans geb renb zis hais xious.

哭灶出特列吉红，

Kus zhaos chus teb liet jis hongb,

抄菜着油要轻手。

Chaos caib zhe yous yaob qingb shoud.

打扫堂屋送干净，

Das chaob tangb wub songb gans jinb,

走路轻脚细步走。

Zhous lub qinb jiaos xib bub zous.

没昂酷内嘎儿猛楼红，

Meib ghas kub niet gas jid mengb lous hongb,

紧多不过四五日。

Jins duob bub guob sid wux rib.

新娘抬耳把我听，歌唱要说你心宽。
嫁到夫家的情分，样事完全要你知。
要讲要说报你们，三从四德恩爱远。
父母公婆要孝敬，尊敬丈夫合细点。
热水先把爷娘敬，要让公婆洗打先。
清早莫把婚床困，起迟各人没有脸。
灶房当厨要用劲，炒菜着油要慢点。
打扫堂屋送干净，走路轻脚细步踩。
有时走亲莫去久日很，顶多不过四五天。

4.

兵竹尼到阿胖色，

Bings zhus nib daos as pangb seb,

尼到阿胖得色岭。

Nis daob as pangb des sed liongb.

斗排斗腊几没肥，

Dous paib dous las jis meib feib,

告洞腊矮周那林。

Gaos dongb las ais zhous nab liongb.

家屋召将仇格内，

Jias wub zhaob jiangb choub geib niet,

见拔送闹剖浪冬。

Jeans pab songb naos boub langb dongx.

嫁出只得伞一把，只得一把伞绿红。

娘家田地都留下，大田宽地留弟兄。

留下所有家产大，女儿总要把夫从。

5.

拔秋列捕欧补逃，

Pab quit liet pub ous bub taox,

代乙奈烦列洞喂。

Dais yu nans huanb liet dongb weix.

几怕送拢剖阿告，

Jis pab songb longb bous as gaox,

吉追列排洞斗内。

Jis zuis liet paib dongb dous niet.

为人要讲行孝道，

Weib renb yos jiangb xingb xiaob daob,

几没出挂莎浪内。

Jis meib chus guab shax langb niet.

目连行母为头孝，

Mub liangb xingb mub weib tous xiaob,

虐虐昂内共奶格。

Niub niub ghangb niet gongb niet geb.

王祥卧冰天有照，

Wangb xiangb wob dinb tianb yous zhaob,

抱干抱白缪几喂。

Baob gais baob baib mious jib weix.

花木兰女装男扮精神妙，

Huas mub lans nvb zhangb nans bans jingb shengb miaos,

替父从军出林乖。

Teib fub congb juns chus liongb gueis.

为儿为女要礼貌，

Weib erb weis nvb yaos lix maob,

牙要强强苟内克。

Yas yaob qiangb qiangb gous niet keb.

轻言细语卜几疗，

Qingb yuans xib yus pub jis liaox,

嘎他得苟洞楼的。

Gas tas des goub dongb loub des.

扛内度善苟写跳，

Gangb niet dub shanb goub xieb tiaob,

蒙叉荣华富贵崩浪得。

Mengb cab rongb huas fub guis bengb langb des.

新娘听我歌来报，也要耐烦听我摆。
出嫁接来我家到，后面事情不好管。
为人要讲行孝道，没有做过也听见。
目连行母为头孝，日日哭母烂双眼。
王祥卧冰天有照，冰天雪地鲤鱼翻。
花木兰女扮男装精神妙，替父从军做大官。
为儿为女要礼貌，女儿也要看得宽。
轻言细语讲一套，莫讲脏话是应该。
内心修养要做到，你才荣华富贵得长远。

十二、唱嫁妆

1.

民国想蒙加就达，

Mingb guos xiangb mengb jias jius dax，

风不顺浪雨不充。

Fongb bus shuenb langb yus bub congb.

土吾水涨平窝昂，

Tub wut shuib zhangb pingb aos ghangx，

迷花邦岔不久宗。

Mis huas bangb chab bus jioub zongb.

阿扛梅单比便吧，

As gangb meib daib bib bias bax，

拿拢善嘎元本林。

Nas longb shanx gas yuanb bengb liongx.

埋汝嫁妆配女苟送牙，

Manb rub jias zhangb pib nvb gous songb yas，

共拢吉穷阿者绒。

Gongb longb jis qiongb as zheb rongb.

尼蒙将得你洽席列扛板腊，

Nis mengb jiangb des nis qias xib liet gangb bans las，

就标吉嘎叉猛炯。

Jius boub jis gab cab mengb jiongb.

告得告内列猛岔，

Gaob des gaob niet liet mengb cab，

席列大股恩告分。

Xis liet das gub enb gaos fenb.

民国时代年成差，风不顺来雨不充。
水涝水涨平了坝，棉花土地被水冲。
一斤四五百元价，棉花价格涨很猛。
你们好那嫁妆配女来陪嫁，抬来一路满花红。
你嫁女儿费心费力费得大，各种各样都送拢。

父母为女费高价，得要几千银钱送。

2.

苟萨正客邦召将，

Gous seax zengb keb bangb zhaos jiangt,

阿腊副客嘎拿块。

As lab fub keb gas nas kuais.

内浪告包告首尼钱当，

Niet langb caos baob gaos soub nib qianx dangb,

子羊扛送几万千。

Zis yangb gangb songb jis wanb qianx.

埋浪汝从弄几娘，

Manb langb rub congb nongb jis nianx,

见照背瓜窝蒙兰。

Jeans zhaob beib guas aos mengb lans.

正客的歌这里摆，一些副客莫拿款。

人家大包小包是银钱，子羊扛送几万千。

你们好情记心间，记在心里万千年。

十三、唱副客

苟梅得拔费力红，

Gous meib des pab feib lib hongb,

姑娘子妹莎腊单。

Gus niangb zis meib shax las danb.

埋拢共久阿充虫，

Mans longb gongb jious as congb congt,

亚共银瓶亚共彩。

Yas gongb yins pinb yas gongb caib.

尼味吉标浪窝炯，

Nis weib jib bous langb aos jiongb,

出萨大逃吉口埋。

Chub seax dab taob jis koub manb.

亲戚朋友费力很，姑娘姊妹都拢来。
抬来担子都不轻，又抬银屏又抬彩。
因为家中人接亲，唱歌几句谢你来。

十四、放歌给正客接

千里有事万里由，
Qians lib yous shib wanb lib youb，
八字分别是两点。
Bas zis fenb bieb shid liangb dianb.
副客见度腊嘎豆，
Fub keb jianb dub las gab dous，
萨休吉拿正客矮。
Seax xiub jib nab zengb keb ans.
萨莽吉要照拢斗，
Seax mangb jib yaos zhaob longb dous，
豆萨吉上腊达全。
Dous seax jib shangb las dab qianb.

千里有事万里由，八字分别是两点。
副客有话也打止，只求正客把歌担。
歌唱要到这里收，接歌马上唱起来。

十五、第二轮添歌补歌

1.

最秋最兰最比告，
Zuis qiub zuis lanb zuis bib gaob，
汝兰照告莎拢齐。
Rus lanb zhaob gaos shax longb qib.
少同林乖诸侯闹，

Shaob tongb liongb guanb zhub hous naob，
眼见耳闻不是虚。
Yuanb jeans erb wenb bubs hid xib.
林山逢五满城召，
Liongb shuanb fongb wus manb chengb zhaos，
一往歌事到我为。
Yis wangb ges shid daob wox weib.
不许天根满一笑，
Bus xus tianb genb manb yis xiaob，
无知四下号猛力。
Wub zhis sib xias haos mengb lib.

四方八面都齐了，亲戚六眷都拢齐。
好似大官诸侯到，眼见耳闻不是虚。
林山逢五满城召，一往歌事到我为。
不许天根满一笑，无知四下号猛力。

2.

萨袍告唱莎久齐，
Seax paob gaob changb shax jious qib，
埋号吉吼装都洞几安。
Manb haob jis houx zhangb dous dongb jis ans.
嘎想大众候楚逼，
Gas xiangb das zongb hous chub bis，
解交也要从中解。
Jied jiaos yeb yaob congb zhongb jiet.
好汉不受眼前亏，
Haos haib bus soub yanb qianb kuis，
养除大炯腊几关。
Yangb chub das jiongb las jid guanx.

歌言唱送都了齐，你们装聋作哑不理睬。
莫想大众帮楚逼，解交也要从中解。

好汉不受眼前亏，多唱几首也不管。

3.

拢单窝图想吉板，
Longb dans aos tub xiangb jis bans,
埋列候剖保主讲。
Manb liet hous boub baos zhus jiangb.
阿柔阿巴交陀罗有好汉，
As roub as bas jiaos tuob luos yous haob hais,
古书看过费心讲。
Gus shud kanb guob feib xins jiangb.
六郎把守三关在，
Lus langb bas soub sanb guanb zai,
蒙列嘎出孟良交战几空结兄长。
Mengb liet gas chus mengb langx jiaos zhanb jis kongb jieb xiongb zhangb.
夫蒙高喂有大难，
Fub mengb gaos weib yous dab nanb,
归位生死阿苟常。
Guis weib shengb sid as goub changb.

来到堂中要想遍，你要帮我保主子。
那时候芭蕉陀罗有好汉，古书看过费心思。
六郎把守三关在，你要莫做孟良交战不肯结兄头。
你今和我有大难，归位共同替生死。

4.

拢通剖标送阿牙，
Longb tongb bous boud songb as yab,
出卡剖冬送牙苟。
Chus kab bous dongd songb yas goux.
拢单列苟萨休岔，
Longb dans liet gous seax xiub chab,
萨泡列埋候几溜。

Seax pob liet manb hous jib lius.

挑选过退过打卦,

Tiaob xianb guos tib guos dab guax,

斗度吉伞巴鸟留。

Dous dub jib sanb bas niaos liub.

见弄孔明不肯把山下,

Jeans nongb kongb mingb bus kenb bas shanb xias,

偷苟出扛喂常求。

Tous goub chus gangb weib changb qiub.

来到我家把女嫁,做客来到家里头。

到过要把歌言答,要求你们唱几首。

挑选过推又过打,唱歌挑选大歌师。

好似孔明不肯把山下,故意让我再要求。

第二章 对赞及水口歌

一、赞叹对方高才歌

1.

阿曹共约阿曹气,

As caos gongb yis as chaob qib,

代代朝朝出好手。

Dais dais chaob chaob chus haos shoux.

宋朝内卜代红玉,

Songb chaox niet pus daib hongb yus,

代宗目连把口子。

Dais zongb mub lianb bas kous zis.

五虎平南召否记,

Wub fub pingb nans zhaox woub jix,

言说狄庆炯哑口。

Yuans shub dib qingb jiongb yab kous.

求中几养求阿气,

Qius zhongb jis yangb qiux as qib,

打奶几书萨阿柔。

Dab niet jis shud seax as roub.

一朝老了一朝替,代代朝朝出好手。

宋朝人讲代红玉,代宗目连把口子。

五虎平南被他追,言说狄庆坐哑口。

好似登上步云梯，各自出题各自收。

2.

三亲求挂大奶苟，
Sanb qinb qius guax dab niet gous，
浪兰同葡四海扬。
Langb lanb tongb pub sid hais yangx.
相逢好事我才知，
Xiangb fongb haos shid wob caib zhis，
浪除叉安蒙没钢。
Langb chus cab ans mengb meid gangx.
精通礼义善才子，
Jings tongx lis yib shuanx caib zis，
尼总几安弄几强。
Nib zongs jid anb nongb jis qiangx.
洞召蒙够喂哑口，
Dongb zhaos mengb gous weib yas koux，
文善人小要投降。
Wenb shuanb renb xiaos yaob toub xiangb.

三厅上过几重有，听你名声四海扬。
相逢好事我才知，听了才知你有钢。
精通礼仪善才子，是人不知如何讲。
听了你唱我哑口，人小只有来投降。

3.

有信本土到够挂，
Yous xins bengb tub daos goub guax，
几个浪半阿充够。
Jis geb langb bans as congb gous.
有缘千里告几加，
Yous yuanb qianx lis gaob jis jiax，
内那几乍数国州。

Niet nas jid zhab shud guob zhous.
通今博古高才大，
Tongb jins bos gub gaos caib dab，
尼柔喂列龙拔拢投师。
Nib rous weib liet longb pas longb toux shid.

有幸本土把歌答，听过许多的歌手。
有缘千里不对话，千里相隔数国州。
通今博古高才大，我要和你来投师。

4.

天长路远斗够很，
Tians changb lub yuanb dous goub hengb，
秀达柔休挂猛久。
Xious dab roub xius guas mengb jious.
苟理窝起几咱明，
Gous lid aos qib jis zhas mingb，
龙蒙吉除尼书补。
Longb mengb jib chus nib shud bux.
银代写好代个纵，
Yins daib xieb haos daib ges zongb，
谁问谁答说口卜。
Shuid wenb shuis dab shuob koub pub.

天长路远远隔很，怀念青年岁过了。
肚中无才见不明，和你歌唱我败倒。
银代写好带个信，谁问谁答随口号。

二、水口热歌

1.

拢单剖让出内卡，

Longb dans boub rangx chus niet kax,

送牙叉单闹剖板。

Songb yas cab dans naob bous bans.

克拔礼松出嘎岔，

Keb pas lis songb chus gas cab,

领教跟我拜门来。

Lins jiaos genb wos bans menb laix.

蒙列沙假背沙然，

Mengb liet shax jiax beib shax ras,

沙假叉汝拢保埋。

Shab jiab cab rub longb baos manb.

人直问你实情话，

Renb zhis wenb nis shid qingb huas,

实在尼假被麻单。

Shid zaib nib jias beid mas danx.

沙拔假弄阿偶爬，

Shab pas jias nongb as oub pab,

苟追走萨几水玩。

Gous zuis zoub seax jis shuib wanb.

阿瓦召久谷瓦洽，

As wab zhaos jiub gub was qiad,

卜召够萨窝起反。

Pub zhaob gous seax aos qib fanb.

做客来到家宅下，嫁女来到我这边。
看你礼行派头大，领教跟我拜门来。
你要学乖或学假，学假才好教开言。
人直问你实情话，实在是假是真才。
教你学假猪头傻，以后不会唱歌玩。

一次学了十次怕，讲到唱歌心里烦。

2.

做客拢单剖阿告，

Zuos keb longb dans boub as gaox,

苟让送通剖浪标。

Gous rangb songb tongb bous langx boud.

人生各有一种好，

Renb shengb geb yous yid zhongb haos,

安松龙浓苟萨偶。

Ans songb longd nongb gous seax oub.

投师访友古言道，

Tous shid fangb yous gub yuanb daob,

前人留路后人走。

Qianb renb lius lub hous renb zous.

燕山乔子有五告，

Yuanb shuanb qiaob zis youb wub gaob,

扬名留后把名有。

Yangb mingb lius houb bax mingb youd.

偶萨堂根有几套，

Ous seax tangb gengb yous jid taob,

麻假麻汝莎出周。

Mas jiax mas rub shax chus zhoub.

亚没阿板浪莎喜想米几达潮，

Yas meib as banb langx shax xib xiangb mib jis dax chaob,

再斗昂爬龙白楼。

Zais doub ghax pab longs bais loub.

要把银钱来领教，

Yaos baby yins qianx lais linb jiaox,

埋苟钱当喂保某。

Manb gous qianx dangb weib baos moux.

送秋每让内总要，

Songb qiux meib rangb niet zongb yaos,

得蒙希望排天走。

Des mengb xis wangb pais tianb zous.

嘎出几度浪得法忘了玉皇教，

Gas chus jib dub langx des huab wangb les yub huangb jiaos，

忘恩负义弄老师。

Wangb ens fub yis nongb laos shid.

没昂散客常拢苟昂到，

Meis ghab sanb keb changb longb gous ghax daob，

难浓架蒙拢服酒。

Nans nongb jias mengb longb fub jious.

恩人要把恩来报，

Enb renb yaos bas enb lais baox，

水想浪牙想几够。

Shuid xiangb langb yas xiangb jis goux.

做客我们家里到，你们费心嫁女来。

人生各有一种好，安心和你学歌言。

投师访友古言道，前人留路后人踩。

燕山乔子有五告，扬名留后把名显。

学歌堂更有几套，学假学真学不全。

还有一些人利什香米抬来到，格外再有送银钱。

要把银钱来领教，舍得银钱我教先。

哪里送亲都需要，你有希望走排天。

莫做那些人得法忘了玉皇教，忘恩负义忘师台。

有日散客回家得肉了，炒肉下酒把我喊。

恩人要把恩来报，会想也要想得宽。

3.

洞充萨袍老班安，

Dongb congb seax paob laos banb anx，

麻安够挂内浪柔。

Mas anb gous guax niet langb roux.

安松龙浓学习点，

Ans songx longb nongb xiet xis dianb,

偶萨列嘎几让偶。

Ous seax liet gas jib rangb ous.

偶度堂根纵几关,

Ous dub tangb genb zongb jis guanx,

沙萨邦处喂你够。

Shax seax bangb chus weix nis goub.

堂卡陪客够然冉,

Tangb kas peib keb gous ras ranb,

你答我对乱几缪。

Nis das wob dis luanb jis mioux.

到度漂洋去过海,

Daob dus piaox yangb qub guos hais,

虐虐求苟求绒寿。

Nius niub quid gous quic rongb soub.

走召原夫麻加干,

Zhous zhaob yuanb fub mas jias ganx,

沙萨味浓照崩抱。

Shax seax weib nongb zhaob bengb baot.

剖奶蒙总要立个把凭莫送关,

Bous niet mengb zhongb yaos lis geb bas pinb mos songb guanx,

扛浓大胆沙蒙豆。

Gangb nongb dax danb shax mengb dous.

正大堂根把声开,

Zengb dab tangb genb bas shongb kais,

洞萨人众候几叟。

Dongb seax renb zongb hous jid sout.

歌唱老班都知全,会唱老人归了天。
安心和你学习点,学歌要到寨中来。
学话堂更总不管,学歌野外我不敢。
堂更陪客唱实在,你答我对闹热台。
得话漂洋去过海,日日去上那高山。

碰着原夫脾气坏，学歌为我把棍挨。

我们总要立个把凭莫送拐，让我大胆教你来。　拐：方言，指坏事。

正大堂更把声开，听歌人众才喜欢。

4.

吉除堂根蒙嘎然，

Jib chus tangb gend mengb gas rax，

大寨头等浪英雄。

Das zuanb tous dengb langs yinb xiongx.

车汉古人一叭拉，

Ches hais gub renb yus pas lax，

腊文腊屋够几朋。

Lab wenb las wub gous jid pongb.

洞牙够充莎想假，

Dongb yas gous congb shab xiangb jias，

哑口几到度当容。

Yas kous jid daox dub dangb rongx.

投师龙牙偶大然，

Tous shid longd yas ous dab rax，

领教埋让萨大炯。

Lins jiaos manb rangx seax das jiongb.

不是漂言乱扯夸，

Bus shis piaos yuanx luanb ches kuas，

句句是讲话实情。

Jus jus shid jiangb huas shid qingb.

列浓阿苟汝昂爬，

Liet nongb as gous rub ghax pas，

吉油背斗没大寸。

Jib yous beix dous meib das cenb.

几尼龙葵偶卡卡，

Jis nieb longs kuib ous kas kass，

酷牙几单扛台蒙。

Kus yax jis danb gangb tuanb mengb.

苟度内蒙巴江萨，

Gous dub niet mengb bas jiangb seax,

同情喂浪意见被几同。

Tongb qingb weib langb yis jianb beib jis dongb.

歌唱堂更你才大，大寨头等的角色。

扯那古人一叭拉，横竖都要把我吓。

听妹唱歌我无法，哑口没有话来接。

投师和你学歌话，领教歌言把歌扯。

不是漂言乱扯夸，句句是讲话情节。

要买一条猪腿大，连带尾巴五寸也。

不是和你学空耍，走妹不送人谈说。

今天问你实情话，同情我的意见莫扯白。

5.

送秋埋让叉走召，

Songb qius manb rangb cab zous zhaox,

几没走挂几干说。

Jis meib zous guab jis ganb shuob.

萨休本当不同套，

Seax xiub beng dangs bub tongb taob,

格外嘎养窝得扯。

Geb wanb gas yangb aos deb zhis.

有心和你来领教，

Yous xins heb nis laix linb jiaos,

沙浓打然萨窝拍。

Shax nongb dab rax seax aos panb.

几尼洞空空如也把人漂，

Jis nib dongx kongb kongb rub yeb bas renb piaox,

再斗格外浪礼没。

Zais doub geb wanb langb lis meib.

欧挑白浪阿挑潮，

Ous taob bais langb as tiaos coax,

再斗钱当扳几借。

Zais doub qiangb dangx banb jis jieb.

诚心肯把歌言报，

Chenb xins kenb bas geb yuanb baos,

召嘎几关拿几奶。

Zhaob gas jid guanb nab jis niet.

出起沙喂浪当照，

Chus qib shax weib langb dangb zhaos,

阿奶得牙麻够萨

As niet des yab mab gous seax

几常吉仇列嘎则。

Jis changb jib choub liet gas zheb.

偶到蒙浪汝萨剖洞闹，

Ous daob mengb langb rub seax bous dongb naob,

汝嘎堂抢猛陪客。

Rub gas tangb qiangb mengb peix kes.

忘了没昂纵想到，

Waangb leb meib ghax zongb xiangb daob,

难蒙吉柔几嘎喂。

Nangb mengb jib roub jis gas weib.

包喂出萨扛热闹，

Baos weib chus seax gangb roub naob,

是人赞叹了不得。

Shid renb zanb tanb les bub des.

喂号卜洞阿板萨拢，

Weib haos pub dongb as bans seax longb,

送秋内让叉沙到，

Songb qiub niet rangb cab shax daob,

偶照埋洞拔小姐。

Ous zhaob manb dongs pab xiaob jieb.

忠臣孝子把情报，

Zongb chengb xiaos zis bas qingb baos,

得艺忘师要不得。

Des yub wangb shid yaob bub dex.

嫁女到边才听到，没有相逢不敢说。
歌言本当不同套，格外又多内容扯。
有心和你来领教，教我几首歌明白。
我不是空空如也把人漂，再再格外礼情节。
两挑粑粑米一挑，再有钱币好多些。
诚心肯把歌言报，花钱不怕不可惜。
有心教我有依靠，这个妹妹唱歌呀，倒来倒去要莫扯。
学得你的好歌本奥妙，好去堂中去陪客。
忘了有时想得到，喊你近我身边说。
教我唱歌送热闹，是人赞叹了不得。
我要报人们说这些歌，儿女做客才学到，学从你们歌小姐。
忠臣孝子把情报，得艺忘师要不得。

三、互讽的歌

1.

赞扬对方唱得好
Zanb yangb duis fangb chaob des haob

几够走召最美吼，
Jis goub zous zhaob zuis meib houx,
告冲几够蒙嘎养。
Gaos congb jis goub mengb gas yangx.
萨求背公急急寿，
Seax qiub beib gongb jix jix soub,
同吾婆闹通都夯。
Tongb wub lous naob tongb dub hangb.
扛剖少同得录寿少公够，
Gangb bous shaob tongb des lub soub shaox gongb gous,
够照周偶出阿江。
Gous zhaob zhous ous chub as jiangb.

吉伞背构萨苟够，

Jib sanb beib gous seax gous gout,

逃逃交革浓将江。

Taob taos jiaos geb nengb jiangb jiangx.

几没包抱苟萨够，

Jis meib baos baox gous seax goub,

得抱几羊苟萨钢。

Des baob jis yangb gous seax gangb.

苟萨够明意几扣，

Gous seax goub mingb yis jid koux,

浓纵浓汝剖不养。

Nengb zongb nengb rub bous bux yangt.

几尼堂状书理洽乖抱，

Jis nib tangb zhangb shub lib qiab guanx baob,

够容王记扛乖常。

Gous rongb wangx jis gangb guanx changb.

唱歌碰到哥才好，内容扯遍许多样。

歌上嘴巴急急跑，如水流下大海洋。

让我们如同鸭子螺蛳熬，吞下喉咙长了僵。

唱歌情节本巧妙，句句都有话讲场。

家中本是少被套，没有睡处少了床。

唱到天明才热闹，你的情义记心肠。

不是去打官司原被告，依那王法来主张。

2.

谢对方赞扬自己

Xieb duis fangb zaib yangb zis jix

洞蒙够汝萨休比，

Dongb mengb gous rub seax xiut bib,

浪照窝蒙想几得。

Langb zhaob aos mengb xiangb jis deb.

到拔半地萨苟齐，

Daob pab banb dib seax gous qib.

照寿几浓吉够喂。

Zhaob soub jis nengb jis gous weib.

人过年老花过旗，

Renb guob nianb laod huas guob qib，

不是少年出猛者。

Bus shid shaob nianb chus mengb zheb.

剖冬萨袍然久齐，

Bous dongs seax paob ras jiub qix，

吉否剖娘浪斗奶。

Jib woub bous niangb langx dous niet，

抖苟照寿尼加起，

Dous gout zhaob soub nib jias qix，

几列拼格几常喂。

Jis lieb pinb geib jis changb weib.

听你唱领歌无比，听了心内乐开怀。
得你称赞我抱愧，称颂赞扬我很坏。
人过年老花过期，不是少年出勇敢。
我们歌唱丢水里，空有其名不好谈。
你今赞扬是故意，不要这样来空谈。

3.

对方威吓自己
Duis fangb weix houb zis jib

最内白标当洞度，

Zuis nieb bais boub dangx dongb dub，

奶奶江扛牙书萨。

Niet niet jiangb gangb yas shub seax.

少没拿弄浪窝故，

Shaob meib nab nongb langx aos gub，

江忙蒙碰抓拿抓。

Jiangb mangb mengb pongb zhas nab zhas.

安排扛喂坐不住，

Ans paib gangb weib zuos bub zhub,

吉炯古人同龙良。

Jib jiongb gub renb tongb longb liangx.

孔明难保子孙富，

Kongb mingb nans baos zis shenb fub,

哪个说得大话夸。

Nab ges shuob des dab huab kuax.

几够胜有千条路，

Jis goub shengb yous qianx tiaob lub,

话过难讲对人答。

Huas guob nanb jiangx duis renb dab.

山中也有千年树，

Shanb zhongb yeb yous qianb nianb shub,

见弄阳雀过吧洽几嘎。

Jianb nongb yangb qieb guos bas qiab jis gax.

开春当克单得就，

Kais cunb dangb keib danb des jiux,

常纵图昂浪当昂。

Changb zongb tus ghas langb dangb guangb.

堂中的人听缘故，个个都愿我输垮。
不知什么的用处，整夜唱歌我难答。
安排送我坐不住，唱那古人一叭拉。
孔明难保子孙富，哪个说得大话夸。
歌唱也有千条路，话过难讲对人答。
山中也有千年树，阳雀过坳名远大。
开春又来发得绿，又叫又唱方可达。

4.

赞对方
Zaib duib fangb

吉除斗你埋浪吹，
Jis chub dous nib manb langb cuis，
唱照好手最没钢。
Changb zhaob haos soub zuis meib gangb.
玉元玉辈汝才嘴，
Yus yuanb yub beib rus caib zuib，
蒙少皮浪羊汝高场。
Mengb shaob pib langb yangx rub gaos changb.
喂号见弄录久够照埋浪方头嘴，
Weib haos jianb nongb lub jious gous zhaob manb langx fangb tous zuib，
长猛纵没大就洽兵让。
Changb mengb zongb meib dab jius qiab bingb rangx.
克蒙少红拿西虐马算飞，
Geib mengb shaob hongb nab xib niub mab suanx feib，
撒队久想炯洛阳。
Cheb duis jiub xiangb jiongb luob yangb.
尼内洞度莎最比，
Nib nieb dongb dub shax zuib bib，
巴葡书萨蒙足江。
Bas pub shud seax mengb zhub jiangb.

歌唱同在你家里，碰上好手是好钢。
玉元玉辈好才嘴，你是真的好高强。
我也好似小小崔儿陷在你的方头嘴，回去总有几年不敢唱。
看你是狠似从前马赛飞，撒队不想坐洛阳。
是人听话很可以，我名坏了你才喜心肠。

四、讽刺对方有人报歌

1.

交边萨袍召虫标，

Jiaos bianx seax paob zhaob congb bous，

单喂吉白蒙浪声。

Danb weib jib baob mengb langx shongb.

告追理蒙浪康苟，

Gaos zuib lis mengb langb kangb gous，

草松亚洽会几通。

Caos songb yax qiab huis jid tongt.

句句言辞带书有，

Jus jus yuanb cis daib shud youx，

安头浪总咱嘎冬。

Ans toux langb zongb zhas gas dongb.

必求三国真天子，

Bis qiub sanb gueib zhengb tianb zis，

左臣右相炯几朋。

Zuos chengb yous xiangb jiongb jis pongb.

到汝高明好军师，

Daob rub gaob mingb haos jinx shid，

神机妙算最孔明。

Shengb jis miaos suanb zuis kongb mingb.

兵法学汝几良偷，

Bingb huas xieb rub jis liangb tous，

善战嘎养阿板冬。

Shuanb zhanb gas yangb as bans dongx.

久内久纵几卜否，

Jious nietb jius zongb jis pub woux，

必求忙弄内卜蒙。

Bis qiub mangb nongb niet pub mengx.

交边歌言这里止，到我又接你歌言。

在后理你脚印走，操心又怕走打偏。
句句言辞带书有，识字的人才知全。
好似三国真天子，左臣右相坐一连。
得那高明好军师，神机妙算报你来。
兵法学得好几手，学了兵法好来战。
多人听见多人知，好似现在把你谈。

2.

萨忙交边单喂岔，

Seax mangb jiaos bianb danx weib chab,

杀哉苟扛喂拢齐。

Shab zanb gous gangb weib longb qix.

埋欧奶补图出阿甲，

Manb ous niet bus tub chus as jiax,

那苟吉汝本可以。

Nas goub jib rux bengb keb yis.

好像三棋跳双马，

Haos xiangb sanb qib tiaos shangb mas,

连环马步汝威力。

Lianb huanx mas bub rub weib lib.

扛喂几秀几到窝得边，

Gangb weib jis xious jid daob aos deb bians,

几到内苟出弄几。

Jis daob niet gous chus nongb jis.

寿闹把抓召梅抓，

Soub naos bab zhas zhaob meib zhas,

几娄吉追被马围。

Jis loub jis zuib beib mas weib.

后营你调高炮打，

Hous yinb nis tiaob gaos paos dax,

马前炮后喂久格。

Mas qianb paos hous weib jious geb.

欧瓦害照弄阿瓦，

Ous wab haib zhaob nongb as wab,

阿瓦弄喂浪将帅到比得内归。

As wab nongb weib langx jiangx suanb daos bib des niet guix.

自浪内够把口叉，

Zis langb niet gous bas kous chab,

安拿弄够汝喂嘎陪。

Ans nab nongb gous rub weib gas peix.

阿气阿喂号同录咱公腊纵卡，

As qib as weib haob tongb lub zis gongb las zongb kab,

召周叉安洞起亏。

Zhaos zhous cab ans dongb qib kuis.

埋列容情吉苟拔，

Mans liet rongb qingb jis gous pax，

交边歌言放了话，唱完又到我来起。

你们两三人做一甲，兄弟相好本可以。

好像三棋跳双马，连环马步好威力。

送我要躲不能躲不下，没有退路吃了亏。

跑到左右被马踏，前面后面被马围。

后营你用高炮打，马前炮后围了齐。

两次害我三次杀，这一次我的将帅头上被你捶。

不知危险这么大，若先知道我不陪。

这时候我也好似鸟儿见虫心也怕，被困笼中吃大亏。

你要容情这一下，忍让一夜你家里。

3.

萨袍交边摆照阿，

Seax paob jiaos bianb banx zhaos as，

莎哉仇仇单喂提。

Shax zhanb chous choub danb weib tib.

蒙号将汉萨休同帮抓，

Mengb haos jiangb haib seax xiub tongb bangb zhas，

扛王周柳莎围齐。

Gangb wangx zhous lious shax weib qib.

那苟几卜出阿嘎，

Nas gous jis pub chus as gas,

作战弄肩苟剖垂。

Zuos zuanb nongb jeans gous boub chuib.

得苟炯兄单阿那，

Des gous jiongb xiangb danb as nas,

大哥作战弟休息。

Dab geb zuos zanb dib xioub xib.

干干商量几到茶，

Gans gans sangb liangb jis daob chab,

用计铺板苟剖亏。

Yongb jis pub bans gous boux kuib.

忙弄喂号见弄录久够照浪笼打，

Mangb nongb weix haos jianb nongb lub jious goub zhaob langb longb das,

败仗几斗得寿归。

Bans zhangb jis doub des soub guib.

扛喂号败仗如同山崩垮，

Gangb weib haos banb zhangb rub tongb shuanb bengb kuab,

召睡降表拢投乙。

Zhaos shuib xiangb biaos longb toub yis.

歌唱圆边放了话，唱完又到我来提。

你也唱这歌言根源大，拦团四面都包围。

兄弟商量计谋话，作战弄肩有实力。

老弟唱了休息下，大哥作战弟休息。

暗暗商量来打卦，用计铺板把我亏。

今夜我也如同雀儿困在内笼打，败仗再没有路退。

我也是败仗如同山崩垮，逼写降表投降你。

五、宵夜歌

1.

堂屋斩萨见阿气，

Tangb wub zais seax jianb as qib，

宵夜浪昂又将斗。

Xiaos yeb langb ghax chanb jiangb dous.

阿干度标很贤惠，

As ganb dub bous henb xianb huib，

热情招待吉苟剖。

Roub qingb zhaob dans jib gous boux.

切的肉丝很过细，

Qieb ds roub sid henb guob xib，

告得昂爬平剖扣。

Gaos des ghax pab pingb bous koux.

红烧肉炒好香味，

Hongb shaob roub chaos haob xiangb weix，

昂缪昂善样样有。

Ghab mious ghax shuanb yangb yangb yous.

粉条打拢同青尼，

Fenb tiaob das longb tongb qingx nib，

麻汝水抓出吾次。

Mas rub shuib zhas chub wut cis.

青带又把酸汤配，

Qingb daib yous bas suanb tangx pib，

扛剖能抽反昂汝解口。

Gangb bous nengb choub fans guangb rub jiet kous.

剖号几午够萨阿板追，

Bous haob jis wub gous seax as banb zhuib，

拿弄楼虐又拢走。

Nas nongb lous niux chas longb zhous.

好情我巴心中记，

Haos qingb wob bas xins zhongb jib，

几见扛够窝柔头。

Jis jianb gangb gous aos roub toub.

几扣都标好情义，

Jis koub dub boux haos qingb yib,

来年生下麒麟子。

Lais nianb shengb xias qib lingb zis.

出必出包召吉追，

Chus bib chub baos zhaob jis zuib,

荣华富贵得长久。

Rongb huab fub guib des changb jius.

阿奶江萨弄喂卜埋冬尼几尼，

As niet jiangb seax nongb weib pub manb dongb nib jis nib,

度单单蒙够阿柔。

Dub danb danb mengb gous as roub.

堂屋止歌成一会，宵夜之时才放手。

这些主人很贤惠，热情招待重情有。

切的肉丝很过细，山珍海味好浓口。

红烧肉炒好香味，肠肝肚肺样样有。

粉条每碗都很细，再用胡椒做卤子。

青带又把酸汤配，我们吃腻好解口。

我们唱歌走遍了各地，热情招待难如此。

好情我在心中记，永远记住在心头。

感谢主家好情义，来年生下麒麟子。

兴旺繁荣大吉利，荣华富贵得长久。

这个大歌师我讲你说对不对，是话到你唱一首。

2.

宵夜厨师到麻烦，

Xiaos yeb chub shid daob mas fanx,

内锐内列到得口。

Niet ruis niet liet daob des koux.

三更半夜要起来，

Sanb genb bans yeb yaos qib laix,

八汉棍乖列管否。

Bas hais ghuenb guans liet guanb woux.

埋号几没吉吹洞喂难，

Mans haob jis meib jis cuib dongb weib nans,

窝他冬豆汝哈楼。

Aos tab dongb dous rub has loub.

出列窝晚果完完，

Chus liet aos wanb guos wanb wanb,

亚齐亚汝几良抖。

Yas qib yab rub jis liangb doux.

昂油埋号吉交先，

Ghax youb mans haob jib jiaos xianb,

昂爬炒见亚照求。

Ghab pas chaob jianb yab zhaob qoub.

佐料终终下齐全，

Zuos liaob zongb zongb xias qib qianb,

香味扑鼻滋味有。

Xiangb weib pub bib zis weib yous.

扛剖能抽再想加阿盘，

Gangb bous nengb chous zaib xiangb jias as panb,

几挂窝起召将斗。

Jis guab aos qib zhaob jiangb doub.

埋浪从汝剖几见，

Manb langb congb rub bous jis jianb,

汝从几见一辈子。

Rub congb jis jianb yis beib zis.

感谢敬你话一言，

Gans xieb jinb nis huas yix yuans,

埋浪告冬柔让炯你头。

Mans langb gaob dongx roub rangb jiongb nis toub.

宵夜厨师得麻烦，司饭司菜麻烦有。

三更半夜要起来，辛苦你们一阵子。

你们也没有推脱在一边，慈善心肠好艺手。

煮成一锅白米饭，又香又甜口味有。

牛肉你炒锅里面，猪肉香味很浓口。

佐料总总下齐全，香味扑鼻滋味有。

我们也吃饱还想加一盘，肚内吃饱香在口。

你们情义记心怀，好情我记一辈子。

感谢敬你话一言，祝愿你们延年多益寿。

3.

动萨浪从嘎几吼，

Dongb seax langb congb gas jis houb,

动度浪内嘎几槽。

Dongb dub langb niet gas jib chaob.

江萨江度拢陪剖，

Jiangb seax jiangb dus longb peib bous,

江度陪剖嘎养巧。

Jiangb dus peib boud gas yangx qiaob.

陪剖阿忙那弄楼，

Peib bous as mengb nas nongb loub,

从拿绒善背苟乔。

Congb nas rongb shuanb bei gous qiaob.

天官赐福把你酬，

Tians guanb cis fub bas nib choub,

各人面上都得好。

Geb renb mianb shangb doud des haob.

扛埋告冬柔让炯猛够，

Gangb manb gaos dongb roub rangb jiongb mengb gous,

同图明录吉吹高。

Tongb tus mingb lus jib cuis gaob.

消夜能抽苟萨够，

Xiaos yeb nenb chous gous seax goub,

同太几朋常吉考。

Tongb tais jib pongb changb jis kaob.

靠埋大众候几楼,

Kaos manb dab zongb hous jid loud,

嘎扛萨休将包招。

Gas gangb seax xius jiangb baos zhaob.

阿去阿内号将萨苟扛喂拢斗,

As qib as niet haos jiangb seax gous gangb weib longb dous,

阿岁弄,

As suib nongb,

喂号能轴反昂苟萨鸟。

weib haob nengb chous fanb ghax gous seax niaot.

同内然松阿善收,

Tongb niet ras songb as shuanb shoux,

比如阿哨几溜跑。

Bis rub as xiaos jia lious paob.

必萨几到萨背够,

Bis seax jis daob seax beib gous,

群众年充苟喂保。

Qingb zongb nianb congb gous weib baos.

听歌众人莫紧吼,听话的人莫打交。

主家歌郎好歌师,唱歌陪客实在巧。

陪我一夜这么久,好情好义比山高。

天官赐福把你酬,各人面上都得好。

送你又添福禄又添寿,好似竹木发登高。

宵夜吃饱唱歌游,火炉又加大柴烧。

靠埋大众有搞头,莫让歌言放丢跑。

那时候放歌来送我接口,

这时候,我也吃醉歌言盖住了。

好似一捆乱麻丝,比如一个线坨草。

答歌罗头都没有,群众知情把我报。

4.

苟度商量把江萨，

Gous dub sangb liangb bas jiangx seax，

安蒙以度被久以。

Ans mengb yis dub beib jious yix.

宵夜撤台萨久叉，

Xiaos yeb chous taib seax jius chab，

声除几斩见阿岁。

Shongb chus jis zanb jeans as suib.

都标现会送酒洽，

Dus boub xianb huis songb jious qib，

由酒昂爬拿补锤。

Yous jious ghax pas nab pub cuib.

能扣窝起白哈哈，

Nengb kous aos qib bais has has，

苟蒙浪交边萨袍然久齐。

Gous mengb langb jiaos bians sex paob rab jious qib.

忙弄剖号同内吉白几溜良，

Mangb nongb bous haob tongb niet jis baib jis lious liangx，

比求尼青几者最。

Bis qiub nis qingb jis zheb zuis.

苟蒙浪萨袍弄齐久牙雅，

Gous mengb langb seax paos nongb qib jious yab yab，

达起转向你歌题。

Das qib zhuanb xiangb nis gub tib.

蒙列容情吉苟拔，

Mengb liet rongb qingb jis gous pab，

望靠少讲我是非。

Wangb kaob shaob jiangx wob shid feib.

把话商量你歌师，不知依话或不依。

宵夜撤台把歌扭，歌声断欠了一会。

主家热情招待酒，下酒肉块大如锤。

肉饱酒醉乐悠悠，把你的交边歌唱又来提。

现在我们从头又来唱起手，好似纺车跑急急。

把你的歌言忘得都没有，又才转向你歌题。

你要容情心莫忧，望靠少讲我是非。

5.

几斩声萨苟消夜，

Jis zanb shongb seax gous xiaos yeb，

宵夜浪昂声几斩。

Xiaos yeb langb ghax shongb jis zanb.

同内几崩召加特，

Tongb niet jis pongb zhaos jias teb，

下西吉瓦常图善。

Xias xib jis wab changb tub shuanb.

光阴过了子时位，

Guangb yins guob leb zis shid weib，

大概纵没两三点。

Das ganb zongb meib liangb sanb dianx.

最内动萨达提提，

Zuis niet dongb seax dab teib teib，

当克消夜过后浪萨完。

Dangb keib xiaos yeb guos houb langb seax wanb.

纵够水口没有味，

Zongb gous shuid koub meib yous weib，

列苟古典歌唱够几产。

Liet gous gub dians guob changb gous jid canb.

出萨商量苟蒙内，

Chus seax shangb liangb gous mengb niet，

龙弄浪除见几见。

Longs nongb langb chub jias jis jianb.

交边萨忙达背雷，

Jiaos bianb seax mangb dab beib liex，

几尼嘎拿喂浪款。

Jis nib gas nab weib langb kuans.

我们大家宵夜吃，宵夜之时歌声断。
好似翁火在灰内，打开马上燃起来。
光阴过了子时位，大概总有两三点。
堂中听歌人满齐，等望宵夜过后的歌言。
总唱水口没有味，要把古典的歌唱合参。
用歌问你对不对，这样唱歌愿不愿。
交边歌言在堂内，不对莫拿我的款。

第三章　交接及比文才的歌

一、还尾句交接的歌

1.

【歌后唱·我的歌差】

【Guos hous changb·wob des guob chas】

吉要欧奶召弄叉，

Jis yaob ous niet zhaob nongb chas,

几没麻汝够麻加。

Jis meib mas rub gous mas jiab.

【还·我的歌差】

【Huans·wob des guob chas】

蒙浪萨袍交边将几拉，

Mengb langb seax paob jiaos bians jiangb jis lax,

扛喂吉白蒙浪声。

Gangb weib jib bais mengb langx shongb.

蒙浪窝奶萨袍同吾茶，

Mengb langb aos niet seax paos tongb wut chas,

吾茶几到拿阿充。

Wux cas jis daob nab as congb.

逃逃理松干嘎嘎，

Taos taos lib songb gans gas gas,

汝萨再汝萨理松。

Rub seax zaib rub seax lib songx.

洞萨浪总奶奶昂，

Dongb seax langb zongb niet niet ghangb,

才鸟才弄几捕蒙。

Cais niaob cais nongb jis pub mengb.

尼蒙够汝喂够加，

Nis mengb gous rub weib gous jiax,

克浓偷勾卜腊文。

Kes nongb toub gous pub las wenb.

【歌后唱·我的歌差】
少唱两句我的差，没有好的唱差的。

【还·我的歌差】
你的言交边放了话，让我接下你的声。
你的歌言辞理如水发，水发流下水清清。
句句都有理由大，好歌再好词理云。
听歌的人都有话，暗地赞扬你有能。
是你唱好我唱差，有你故意讲忘昏。

2.

【歌后唱·羊子拉屎】
【Guos houb changb · yangb zis lab shid】
吉要欧奶照弄差，

Jib yaob ous niet zhaos nongb chas,

比求打容几柔嘎。

Bis qiub dab rongb jis roub gas.

【还·羊子拉屎】
【Huanb · yangb zis lass hid】
萨袍交边弄阿叉，

Seax paos jiaob bians nongb as chas，
喂拢吉白话歌题。
Weib longb jib bais huas guob tix.
萨召蒙浪巴鸟嘎弄抓，
Seax zhaob mengb langx bas niaos gas nongb zhas，
草求背公寿计计。
Caos qiub beib gongb soux jis jis.
久同打容几柔嘎，
Jius tongb dab rongb jis roub gas，
背追板船格哭起。
Beib zuis bans chuanb geib kus qib.
苟追加必阿半阿，
Gous zuib jias bib as bans as，
几尼得拔苟蒙亏。
Jis nib des pab gous mengb kuis.

【歌后唱·羊子拉屎】
少了两个唱得差，好似羊子打屎下。

【还·羊子拉屎】
歌言交边放了话，我来接住你歌题。
歌从你的嘴巴出来哒，跑上喉咙走急急。
不同羊子把屎下，背追板船出肚里。　背追板船：苗语象声词，指断断续续。
不好把这歌来答，不是我来把你亏。

3.
【歌后唱·甲虫堆屎】
【Guos houb changb·jias congb deib shid】
吉要欧奶照弄叉，
Jib yaob ous niet zhaos nongb chas，
比求打公吉江嘎。
Bib qiub dab gongb jix jiangb gas.

【还·甲虫堆屎】

【Huans · jias chongb deib shid】

萨忙交边单喂岔,

Seax mangb jiaos bians dans weib chas,

照追必萨足难兄。

Zhaob zuis bib seax zhus nanb xiongb.

比汉打公吉江嘎,

Bis hais dab gongb jib jiangb gas,

窝斗吉踏闹几庆。

Aos doub jib tab naos jis qinb.

几关嘎便省嘎打,

Jis guanb gas bians shengb gas dab,

吉江少拿背李林。

Jib jiangb shaob nas beib lis liongb.

吉江草闹寿几瓦,

Jib jiangx chaob naos soub jis wab,

几没浪朋阿吼声。

Jis meib liangb pongb as houb shongb.

蒙汝声够再汝萨,

Mengb rub shongb gous zaib rub seax,

声萨必求声者琴。

Shongb seax bib qiux shongb zhes qingb.

为求比嘎阿半阿,

Weib qiub bib gas as bans as,

干干候最家相松。

Gans ganb houb zuis jias xiangb songx.

【歌后唱·甲虫堆屎】

少唱两句这里止,好似甲虫滚牛屎。

【还·甲虫堆屎】

歌唱萨忙到我扭,在后答歌真难云。

比那甲虫滚牛屎,用手去推脚腿撑。

滚动稀的硬的走，滚大如同桃李身。
滚去滚来乐悠悠，没有听见出声音。
好歌再好声调子，歌声好似扯胡琴。
为啥比作虫滚屎，暗暗为你家伤心。

4.

【歌后唱·虾子换鱼】
【Guos houb changb·xias zis huanb yus】
吉要欧奶照弄周，
Jib yaob ous niet zhaob nongb zhous,
出声吉良牙打缪。
Chus shongb jib liangb yas dab mious.

【还·虾子换鱼】
【Huans·xias zis huanb yus】
萨袍交边单喂友，
Seax paob jiaob bianb dans weib youx,
莎载仇仇单喂容。
Shax zaib choub choub danb weib rongb.
西昂内共保剖周，
Xis ghangb niet gongb baos boub zhous,
阿逃度弄没原公。
As taob dub nongb meib yuans gongx.
打声吉良缪尼勾，
Dab shongb jib liangx mious nib goux,
难缪莎难召打声。
Nans mioub shax nanb zhaob dab shongx.
达尼苟声猛良缪，
Dab nib gous shongb mengb liangb mioux,
吉良几斗蒙得赢。
Jib liangx jis doub mengb des yinb.

【歌后唱·虾子换鱼】
歌唱两个摆这里，用虾来换你的鱼。

【还·虾子换鱼】
歌唱交边到我替，打止之后到我云。
老人留的话有意，这句话儿有根源。
名叫虾子和鱼比，鱼虾高上难分明。
若是用虾来换鱼，换了没有你的赢。

5.

【歌后唱·螃蟹夹虾】
【Guos houb changb·pangb xieb jias xias】
吉要欧奶照弄叉，
Jis yaob ous niet zhaob nongb chas，
同声窝昂照追嘎。
Tongb shongb aos ghangb zhaob zuis gas.

【还·螃蟹夹虾】
【Huans·pangb xieb jias xias】
萨袍交边单喂友，
Paos paob jiaos bianb dans weib youx，
召蒙吉追出萨八。
Zhaos mengb jib zuis chub seax bas.
西昂内共度卜周，
Xis ghangb niet gongb dub pub zhoub，
安洞尼度比几挂。
Ans dongb nib dub bib jis guax.
声你窝昂寿出苟，
Shongb nib aos ghangb shoub chus goub，
寿召弄格同船八。
Soub zhaob nongb geib tongb chuanb bas.
打追炯照几吾柔，
Dab zuib jiongb zhaos jid wub rongb，
秋声吉弄纵几瓜。
Qius shongb jib nongb zongb jis guab.
早召打追格吉苟，

Zaob zhaob das zuix geib jib goub，
几八图久出阿早。
Jis bas tub jious chub as zhaob.
告闹告抓几者头，
Gaos naos gaox zhas jib zhes toub，
龙羊抱斗急柔八。
Longb yangb baob dous jib roux bas.
斗炯八柔吉够够，
Dous jiongb bas roub jib gous gous，
弄几到娘声苟嘎。
Nongb jis daox niangb shongb goub gas.

【歌后唱·螃蟹夹虾】
歌儿两句来放下，虾子着了螃蟹夹。

【还·螃蟹夹虾】
歌唱圆边到我接，在你后面唱歌答。
从前老话曾经说，不知是不是真话。
虾子水中是老爷，坐在水里资格大。
螃蟹坐在岩缝里，看见虾子心里怕。
它管螃蟹不敢扭，眼睛躲进不看它。
用那壳背挡了头，躲在岩缝喊爹妈。
躲得深深不敢游，哪能再敢把虾夹。

6.

【歌后唱·鸡蛋碰石头】
【Guos houb changb·jib danb pongb shid tooux】
吉要欧奶照弄叉，
Jib yaos oub niet zhaos nongb chas，
楼嘎弄几早豆蒙浪棒柔打。
Lous gas nongb jis zhaob dous mengb langx bangb roub dab.

【还·鸡蛋碰石头】
【Huanb·jib dans pongb shid toub】
萨忙交边单喂岔，
Seax mangb jiaos bians dans weix chas,
召追必萨莎蒙龙。
Zhaos zuib bib seax shax mengb longs.
万事万物几冬腊，
Wanb shid wanb wub jis dongb las,
奇形怪状阿聪林。
Qib xingb guans zhangb as congb liongb.
楼嘎归得必得嘎，
Lous gas guib des bib des gas,
阿半滚汝阿半岭。
As bans guengb rub as bans liongb.
埋浪楼嘎嘎养林告八，
Mans langx lous gas gas yangb liongb gaos bas,
崩见谷那几没兵。
Bengb jeans gub nas jid meib bingt.
乡松内叉梅兵砂吾打，
Xiangb songb niet chas meib bingb shax wub dax,
早豆埋浪板柔绒。
Zaos doub manb langx bans roub rongb.
必蒙浪萨几没甲，
Bis mengb langb seax jis meib jiax,
必假保浓嘎拢松。
Bis jias baob nongb gas longx songb.

【歌后唱·鸡蛋碰石头】
歌言两句这里摆，鸡蛋哪能打破你的大岩板。

【还·鸡蛋碰石头】
歌唱圆边到我造，再后跟着脚印走。
万事万物有巧妙，奇形怪状百样有。
鸡蛋孵出小鸡到，红绿白色花又紫。

你们的鸡蛋大个不得了，孵了十月没开口。
伤心取蛋用力当球抛，砸破大块的岩头。
还你的歌没还到，若还不到心莫忧。

7.

【歌后唱·碓舂鸡蛋】
【Guos houb changb · deib congb jib dans】
吉要欧奶照弄召，
Jib yaos ous niet zhaob nongb zhaob,
楼嘎洽召巴炯料。
Lous gas qiab zhaob bas jiongb liaob.

【还·碓舂鸡蛋】
【Huanb · zuis congb jib dans】
萨忙交边单喂乔，
Seax mangb jiaob bians dans weib qiaob,
召追几踏蒙浪萨。
Zhaos zuib jis tab mengb langb seax.
西昂旧炯苟料潮，
Xis ghangb jious jiongb gous liaob chaob,
料潮料白料水抓。
Liaos chaob liaos baib liaos shuib zhas.
踏弄叉浪蒙卜召，
Tas nongb chas liangb mengb pub zhaos,
内苟把炯料楼嘎？
Niet gous bas jiongb liaos loux gas?
楼嘎弄几浪料到？
Loub gas nongb jis liangb liaos daox?
冬腊久干阿半阿。
Dongb las jioub gans as bans as.
得最江扳新套套，
Des zuib jiangb bans xinb taob taob,
西虐浪内嘎养甲。

Xis niub langb niet gas yangb jiax.
照追必萨儿没召，
Zhaos zuib bib qiub jis meib zhaox,
必度几见嘎想加。
Bib dub jis jianx gas xiangd jias.

【歌后唱·碓舂鸡蛋】
放下两言到此中，鸡蛋很怕看碓舂。

【还·碓舂鸡蛋】
歌唱圆边到我替，在后接你的歌谣。
从前岩碓来捣米，捣米捣糠捣辣椒。
今天才听你讲细，岩碓舂蛋如何搞？
鸡蛋如何可舂碓？凡间从来没见到。
爱摆新套就是你，从前的人太傻了。
在后照你的歌理，若答不对莫心焦。

8.

【歌后唱·田中捉鱼】
【Guos houb changb·tianb zhongb zhuob yus】
吉要欧奶照弄召，
Jis yaob ous niet zhaob nongb zhaos,
同缪吾腊得蒙告。
Tongb mious wut las des mengb gaos.

【还·田中捉鱼】
【Huans·tianb zhongb zhuos yub】
交边萨忙汝告巧，
Jiaos bianb seax mangb rub gaos qiaob,
昂没窝松缪没儿。
Ghangb meib aos songb mious meix jis.
酷剖内共不得了，
Kus boub niet gongb bus des liaos,

要绒要卡同录最。

Yaos rongb yaob kas tongb lux zuib.

娄缪江江尼候内娄到窝周乔，

Lout mioub jiangb jiangb nib hous niet lout daox aos zhoub qiaod，

母你干睹打中乙。

Mus nib gans dub das zhongb yis.

达尼弄蒙搞不好，

Dab nib nongb mengb gaos bus hoax，

缪你吾腊召娄齐。

Mious nib wut las zhaob lous qib.

忙弄喂号一来年迈二年老，

Mangb nongb weib haob yis laib niangb mans erb nianb laos，

到缪吾腊尼出怪。

Daos mious wut lax nis chub guanb.

【歌后唱·由你来捉田中鱼】
丢下两句在这里，田中捉鱼。

【还·田中捉鱼】
交边歌言实在好，有骨有肉很厉害。
可怜老人不得了，少了力气为了难。
捉鱼只能助人家拿篓篙，站在田坎把眼看。
若是和你搞不好，鱼在田中你捉完。
现在我是一来年迈二年老，若抓得鱼是出怪。

9.

【歌后唱·砧板切肉】
【Guos houb changb·dianb bans qieb roux】

吉要萨休照弄板，

Jib yaos seax xius zhaob nongb bans，

同昂板照弄几干。

Tongb ghangx bans zhaob nongb jis gans.

【还·砧板切肉】

【Huans ·dians bans qieb roub】

吉要萨忙召堂产，

Jib yaos seax mangb zhaob tangb chans，

排共堂内扛喂趴。

Pais gongb tangx niet gangb weib bas.

出昂扳照弄几干，

Chus ghangb bans zhaob nongb jis ganb，

得牙几剖喂拢拉。

Des yab jib bous weib longb lax.

内浪卜夸被麻单，

Niet langb pus kuab beib mas danx，

卜度麻单被尼夸。

Pub dus mab danx beib nib kuas.

洽蒙尼帮白吉内狗浪善，

Qias mengb nib bangb bais jix niet gous langb shanx，

边油嘎处拢服染。

Bians youb gas chub longb fub ranb.

同得教师教闹来打拳，

Tongb des jiaob shix jiaob naos laib dab qianb，

抖苟苟汉花手耍。

Doub gous goub hais huab shoub suax.

一个跟斗打翻天，

Yis geb genb doub dab fanb tianx，

扛牙卡昂莎久咱。

Gangb yas ka ghax shax jious zhas.

嘎想埋浪昂爬阿特反，

Gas xiangb manb langb ghas pax as toub fans.

秋昂苟汉吾鸟抓。

Qiub ghax gous hai wub niaos zhas.

【歌后唱·砧板切肉】

扔下两个这里摆，似肉摆在木墩板。

【还·砧板切肉】
扔下两个在堂前，出个谜语让我猜。
做肉摆在木墩板，小妹哪敢割肉来。
问你此话可实在，实在是真或假面。
怕你是扔粑送狗是假颜，骗牛把尿当了盐。
好似武师教人来打拳，故意玩起花手段。
一个跟斗打翻天，肉的影子都没见。
莫想你的猪肉到口来，害我流出口水来。

10.

【歌后唱·豆子掉入猴手中】
【Guos houb changb · doub zis diaob rub hous shoub zhongb】
吉要欧奶照弄板，
Jis yaob ous niet zhaos nongb bans，
录底抓报板斗免。
Lus deib zhas baos bans doub mians.

【还·豆子掉入猴手中】
【Huans · doub zis diaos rub hous shoub zhongb】
萨袍交边照阿久，
Seax paob jiaos bianb zhaob as jioub，
扛喂照追出萨完。
Gangb weib zhaob zuis chus seax wanb.
阿肥蒙除萨背录，
As feib mengb chus seax beib lub，
欧肥蒙除萨斗免。
Ous feib mengb chus seax doub mians.
打免突到背录虐，
Das mians tub daob beib lus niut，
突到够猛嘎起善。
Tub daob gous mengb gas qib shanx.
几忙达多苟起古，
Jis mangb dab duos goub qib gux，

不起瓜瓜同借先。

Bus qub guas guas tongb jiet xianb.

古起否岔吾哉夫，

Gus qib woub chas wub zanb fub,

达务便嘎袍川川。

Dab wub bias gas paob chans chans.

最格最梅出巧苦，

Zuis geib zuis meib chus qiaob kus,

筐格少扣同火连。

Kuangb geis shaob kous huob lianb.

苟追咱录儿敢土，

Gous zuib zhas lub jis ganb tux,

儿敢胖录阿伞伞。

Jis ganb pangb lus as sanb sanb.

必度堂内洽儿苦，

Bis dub tangb niet qias jis kux,

安洞必召被久见。

Ans dongb bib zhaos beib jious jianb.

【歌后唱·豆子掉入猴手中】
扔下两个在此间，豆子掉进猴手板。

【还·豆子掉入猴手中】
歌唱圆边好歌声，送我在后接起来。
一来你唱歌原根，二来你唱猴手板。
猴子捡得豆子精，捡得吃进肚中间。
不料豆儿胀气登，胀登肚内痛喊天。
胀肚它找水来吞，马上飙出稀屎来。
黄皮寡瘦苦得很，双眼窝下同火镰。
以后见豆不敢吞，不敢捡豆进手板。
答歌堂中心不稳，不知答得全不全。

11.

【歌后唱·挖树蔸】

【Guos houb changb · was shub doub】

吉要欧奶照弄召，

Jib yaos ous niet zhaob nongb zhaos,

同图得蒙剖背高。

Tongb tub des mengb bous beib gaos.

【还·挖树蔸】

【Huans · was shub doub】

忙交边单喂岔，

mangb jiaob bians danb wei zhas,

吉白蒙浪声。

D weib jis baib mengb langb s b.

想浪窝棒青山让斗卡，

Xian aob manb langx aos bangb gx shuanb rangb dous kas,

想让不扛林。

Xiangb b as qiub bub gangx lio b

几奶安走埋浪

Jis niet a ngb rangb zous manb l

把高图首打，

Bas gaos tu x gas yangb dat,

图奶棒便汝

Tus niet bangh rub bas jiongx.

扛喂号吉桶弄久查，

Gangb weib haos ongb nongb jis tu s chab,

扣扣莎弟巴求能

Kous kous shax dib qiub nengb.

吉共弄几腊久抓，

Jis gongb nongb jis las b zhas,

让斗扛牙坏了名。

Rangb dous gangb yas hua gb.

告柔内西转回家，

Gaos roub niet xis zhuanb hius jias,

常猛腊尼不几空。

Changb mengb las nib bus jid kongx.

扛喂号巴闹几到窝求巴,

Gangb weis haob bas naox jis daot aos qiub bas,

斗得吉哨阿斗浓。

Dous deb jib shaob as doub nongt.

【歌后唱·挖树蔸】
扔下两个这里止,似树由你来挖蔸。

【还·挖树蔸】
歌言交边到我答,到我又来接歌声。
想到你们坡头青山把柴打,想打干柴一大捆。
哪个晓得打着你们的,
树蔸硬木铁树大,铁树又大又很硬。
让我也怎么用力不断丫,砍砍又断缺刀刃。
用力去摇也不垮,打柴小妹丑了名。
无可奈何转回家,回转没得柴一根。
送我也冷脚无火没得法,只有烧那草草熏。

12.

【歌后唱·蚂蚁为何细腰】
【Guos houb changb · mas yib weib hous xib yaos】
吉要欧奶照弄叉,

Jib yaob ous niet zhaob nongb chas,

达趴为求吉干瓜。

Das pad weib qiub jib gans guas.

【还·蚂蚁为何细腰】
【Huans · mas yub weib hous xib yaos】
西昂达趴出干盗,

Xis ghangb dab pas chus gans daob,

否年巴忙浪水抓。

Woub nians bas mangb langx shuid zhas.

把忙岔否吉明标，

Bas mangx chas woub jib mings boub，

到处岔否会几瓜。

Daos chub chas woub huis jid guas.

那欧岔单昂那照，

Nas oub chas danb ghangb nas zhaob，

岔送哭豆达起咱。

Chas songb kub dous dab qix zhas.

岔走跟倒篓吉跳，

Chas zhoub genb daos loux jib tiaox，

转否吉干把同瓜。

Zhuans woub jib gans bas tongb guas.

巴忙交否扛达绕，

Bas mangb jiaos woux gangb dab raox，

蚂蚁最怕穿山甲。

Mas yib zuis pab chuanb shanb jias.

【歌后唱·蚂蚁为何细腰】
歌言扔下放手了，蚂蚁为何细细腰？

【还·蚂蚁为何细腰】
从前蚂蚁做强盗，它偷萤虫的辣椒。
萤虫找它把明照，到处都去把它找。
二月找到六月了，寻到土孔找到了。
找得马上就惩倒，又捆手来又捆腰。
交给穿山甲可靠，它最怕穿山甲了。

二、唱比文才的歌

1.

几够走浓汝才子，

Jis goub zous nongb rub caib zis，

高谈阔论搂巴鸟。

Gaos taib kuob lenb lous bas niaox.

够办扛王达周仰，

Gous bans gangx wangx dab zhous yangb，

算到头等最没号。

Suanb daox toub dengb zuis meib haob.

文才腹内高八斗，

Wenb caib fub niet gaos bas doux，

拿娘颜渊浪窝朝。

Nas niangx yuanb yanx langb aos zhaob.

句句言辞都带诗，

Jus jus yuanb cis doub daib shid，

出口成章话滔滔。

Chus koub chengb zhangb huas taos taos.

龙剖莎尼无才浪牙水平秋，

Longs boub shax nib wub caib langb yas shuid pingb qiux，

帮白嘎弄几安毛。

Bangs bais gas nongb jis anx maos.

够萨堂内莎几溜，

Gous seax tangb niet seax jis liux，

标棍标闹吉关保。

Boud ghunb boud naos jib guanx baos.

得牙几尼蒙挡手，

Des yab jis nib mengb dangx shoub，

忍让莫讲话牢骚。

Renb rangb mob jiangx huax laob shaox.

歌唱相逢好才子，高谈阔论好嘴才。

歌唱内容样样有，算得头等的人员。
文才腹内高八斗，赶上颜渊的时代。
句句言辞都带诗，出口成章话成篇。
我们本是无才妹子水平丑，耙到嘴边吃不来。
歌唱堂中不熟溜，胡说八道不管天。
我本不是你挡手，忍让莫讲话乱谈。

2.

几够走最蒙够汝，

Jis goub zous zuib mengb gous rub，

算到头等歌唱家。

Suanb daox toub dengb guob changb jias.

够得萨忙同标录，

Gous des seax mangb tongb boud lux，

告奶萨袍同达沙。

Gaos niet seax paos tongb dab shax.

抓单打豆莎吉录，

Zhas danb dab doub shax jib lub，

尼内洞召苟善昂。

Nis niet dongb zhaob gous shuanb ghangx.

蒙浪肚里文才八斗数，

Mengb langb dub lis wenb caib bas doub shub，

拿娘曹植阿气阿。

Nas niangb caos zhis as qib as.

出口成章诗七步，

Chus koub chengb zhangb shid qib bub，

冬腊尼蒙够嘎打。

Dongb las nib mengb gous gas dab.

加剖汉弄尼内母，

Jias boub hais nongb nib niet mux，

讲话如同把口哑。

Jiangb huas rub tongx bas koub yas.

剖奶几够内浪无，

Bous niet jis goux niet langx wub,

尼浓嘎善喂嘎昂。

Nib nongb gas shuanb weib gas ghangx.

你要留我一条路，

Nib yaos lioux wob yis tiaob lub,

出起内然照内假。

Chus qib niet rab zhaob niet jias.

歌唱是你好情述，算得头等歌唱家。

唱歌如同豆撒出，歌言辞句如雪花。

掉下地面好美术，是人听见乐开花。

你的肚里文才八斗数，赶上曹植的才华。

出口成章诗七步，世上歌郎第一家。

我们人蠢不如猪，讲话如同把口哑。

我们歌唱在堂屋，你很才高我低下。

你要留我一条路，聪明的人心宽大。

3.

几够走最文才汝，

Jis goub zous zuib wenb caib rub,

句句言辞都有理。

Jus jus yuanb cis doub youb lib.

亚楼萨浪亚楼度，

Yas loub seax langb yas lous dub,

算到角色最窝比。

Suanb daob jiaox sed zuis aos bib.

打绒洞蒙莎休偶，

Das rongb dongb mengb shax xius ous,

达潮洞蒙吉洽比。

Dab chaob dongb mengb jib qias bis.

九天仙女洞蒙除，

Jious tianb xianb nvb dongb mengb chub,

弄召茶老苟比齐。

Nongb zhaos chas laos goub bib qix.

西昂麻打卜吕布，

Xis ghas mas dax pub lib bub,

西虐才高卜颜回。

Xis niub caib gaos pub yuanb huis.

尼内几卜否浪葡，

Nis niet jis pub woub langb pux,

必求忙弄内卜乙。

Bib qius mangb nongb niet pub yus.

歌唱遇你文才出，句句言辞都有理。
又会唱歌把话述，算得角色高无比。
龙王听了心舒服，凤麟听了大欢喜。
九天仙女听你述，忘记梳头把脚洗。
从前英雄是吕布，古代才高讲颜回。
是人都讲你名出，好似今人讲古矣。

4.
几够萨袍虫标你，

Jis goub seax paob congb bous nib,

夫浓那林才子高。

Fub nongb nas liongb caib zis gaob.

蒙浪萨袍够拢袍最最，

Mengb langb seax paob gous longb paos zuis zuis,

歌唱韵脚久几乔。

Guos changb yinb jiaos jious jid qiaox.

纵尼蒙浪窝冬柔让爱学习，

Zongb nib mengb langx aos dongb roub rangb ais xieb xib,

知识雄厚不得了。

Zhis shid xiongb hous bub des liaox.

胸中腹内盛紫微，

Xiongb zhongb fub niet shengb zhis weit,

紫微高照善告招。

Zhis weit gaos zhaob shuanb gaos zhaob.

地下够单南北极，

Deis xias goub danb nans banx jis,

天上蒙够星斗飘。

Tians shangx mengb gous xinb doub piaos.

绒你窝昂吉豆乙，

Rongb nis aos ghangb jib dous yib,

达潮动蒙炯几桃。

Das choub dongb mengb jiongb jis tiaos.

勾喂浪萨忙龙浓拢相比，

Gous weib liangb seax mangb longs nongb longb xiangb bis,

得牙休休很渺小。

Des yas xius xius henb miaos xiaos.

弄喂空除几单几，

Nongb weis kongb chus jis danb jis,

同内抱路岁缪考。

Tongb niet baos lub suix mious kaox.

到阿岁浪够阿岁，

Daos as suib langb gous as suix,

昂几几到意玩招。

Ghangx jis jis daob yib wanb zhaso.

我们歌唱堂屋坐，都是你的才子高。

你的歌言词句很美齐，歌唱韵脚不走跑。

总是你的年轻时候爱学习，知识雄厚不得了。

胸中腹内盛紫微，紫微高照文才好。

地下唱到南北极，天上唱得星斗飘。

歌声传到龙宫里，龙王闻听乐陶陶。

把我的歌唱言辞和你比，我的显得很渺小。

像我肯唱费天力，挖土不动锄不好。

得一会来唱一会，力尽几时放丢跑。

5.

吉要萨忙召堂产，

Jib yaos seax mangb zhaos tangb chans,

单牙几剖亚拢友。

Dans yab jis boux yas longb youx.

将汉萨忙从川川，

Jiangb hais seax mangb congb chuanb chuanb,

必求连抢连汝子。

Bis qius lianb qiangb lians rub zis.

出口成章带文言，

Chus kous chengb zhangb dans wenb yuans,

一半文言一半诗。

Yis bans wenb yuans yis bans shid.

纵尼阿柔孔子推车你门前，

Zongb nis as roub kongb zis teis ches nis menb qians,

诗书放在你埋标。

Shid shub fangb zais nib manb bous.

蒙拿虐满曹植埋，

Mengb nas nius manb caos zhis manb,

文才腹内高八斗。

Wenb cais fub niet gaos bas doux.

算到头等最没才，

Suanb daob toux denb zuis meib cais,

特挂湖南自治州。

Tous guas fub nans zis zhis zhous.

丢下歌声在堂前，到妹又来唱几首。
听你唱歌很厉害，好似连枪连好子。
出口成章带文言，一半文言一半诗。
总是原来孔子推车你门前，诗书放在你门口。
你赶得上曹植仙，文才腹内高八斗。
算得头等的高才，盖过湖南自治州。

6.

对唱歌言出萨考，

Duis changb guos yuanb chus seax kaos,

最总动萨闹热热。

Zuis zongb dongb seax naos roub roub.

尼总几最炯出乔，

Nis zhongb jis zuis jiongb chus qiaos,

出乔炯动蒙打奶。

Chus qiaos jiongb dngb mengb das niet.

动蒙够汝不得了，

Dongb mengb gous rub bus de liaos,

必求戏子苟琴者。

Bis qiub xis zis goub qinb zhes.

句句文言带书跑，

Jus jud wenb yuanb dans shux paos,

咬文嚼字拿李白。

Yaos wenb jiaos zis nas lib bais.

五车学富文才高，

Wub ches xieb fub wenb cais gaos,

七步成诗少人为。

Qis bub chengb shid shaob renb weix.

我像萤虫闪火渺，

Wos xiangb yingb chongb sanb huos miaos,

光亮哪比你明月。

Guangb liangx nas bib nis mingb yuex.

蒙够到牙善几鸟，

Mengb gous daob yas shuanb jis niaos,

嘎弄出萨窝起乖。

Gas nongb chus seax aos qib guanb.

不是冤家莫整倒，

Bus shud yuanx jias mob zhengb daos,

剖奶几尼萨几则。

Bous niet jis nieb seax jis zeb.

对唱歌言把歌考，人众听歌闹热热。
是人都坐听得好，都在听你一人说。
你真唱好不得了，好似戏子把琴扯。
句句文言带书跑，咬文嚼字像李白。
五车学富文才高，七步成诗少人为。
我像萤虫闪火渺，光亮哪比你明月。
你唱把我心捆倒，口里唱歌心里黑。
不是冤家莫整倒，我们莫做地头蛇。

7.

几够走最蒙够汝，

Jis goub zous zuis mengb gous rub,

走浓那林才子广。

Zous nongb nas liongb caib zis guangb.

够到绒修告保处，

Gous daob rongb xious gaos baos chus,

除到潮修窝干当。

Chus daob chaob xious aos ganb dangb.

内绒莎弄苟写虐，

Niet rongx shax nongb gous xiet niut,

达王得浓蒙够江。

Das wabfx des nongb mengb gous jiangb.

最内白标洞蒙除，

Zuis niet bais bous dongb mengb chus,

满堂人众奶奶浪。

Manb tangb renb zongb niet niet liangb.

冬豆算蒙出内术

Dongb dout suanb mengb chus niet shux,

算到脚色最上抢。

Shuanb daob jiaob seb zuis shangb qianggx.

蒙拿湘子昂西虐，

Mengb nab xiangb zis ghangb xis niut,

洽尼采和常转阳。

Qias nib caib hes changb zhuanb yangb.

相逢哥哥唱得好，碰见歌师才子广。
唱得龙都打颠倒，唱得麒麟舞中堂。
龙女被你迷倒了，都是你的歌甜糖。
满屋人众都听到，满堂人众人人讲。
说你头等唱得好，算得角色最高上。
赶上湘子八仙飘，怕是采和转还阳。

8.

吉唱走久最高强，
Jib changb zhous jious zuis gaos qiangb,
吉除走那最好手。
Jib chus zhous nab zuis haos shoub.
生成眉毛长成像，
Shengb chengb meib maos zhangb chengb xiangs,
告大将蒙汝萨友。
Gaos dab jiangb mengb rub seax yout.
声腊扛浪萨腊扛，
Shongb las gangb langb seax las gangx,
阿吼嘎弄顺口流。
As hgoub gas nongb shengb kous liux.
文才好比诸葛亮，
Wenb caib haos bib zhub goub liangb,
拿娘西虐浪孔子。
Nas niangb xis niut langb kongb zis.
比先傍朗面光光，
Bis xianb pangb langb mians guangb guangb,
必求猛乖浪哈篓。
Bis qiub mengb guanb langx has loub.
一品资格像官样，
Yis pingb zhis geib xiangb guanb yangx,
会苟告柔几玩斗。

Huis goub gaob roub jis wanb doub.

阿产难伞龙蒙羊，

As chanb nans suanb longb mengb yangx,

特挂湖南自治州。

Tous guas fongb nans zis zhib zhous.

相逢碰上哥高强，歌唱碰着好歌手。

生成眉毛长成像，真的是那大歌师。

声音好来歌也强，一张嘴巴顺口流。

文才好比诸葛亮，赶上从前孔夫子。

额头肥大面红光，好似大官的派头。

一品资格如宰相，走路摇摇又摆手。

一千难选你模样，盖过湖南自治州。

第四章　投师及替唱的歌

一、要向对方投师学歌

1.

拢单剖让出内卡，

Longb dans boub rangx chus niet kax,

送牙叉单闹剖板。

Songb yas cab dans naob bous bans.

克拔礼松出嘎岔，

Keb pas lis songb chus gas cab,

领教跟我拜门来。

Lins jiaos genb wos bans menb laix.

蒙列沙假背沙然，

Mengb liet shax jiax beib shax ras,

沙假叉汝拢保埋。

Shab jiab cab rub longb baos manb.

人直问你实情话，

Renb zhis wenb nis shid qingb huas,

实在尼假被麻单。

Shid zaib nib jias beid mas danx.

沙拔假弄阿偶爬，

Shab pas jias nongb as oub pab,

苟追走萨几水玩。

Gous zuis zoub seax jis shuib wanb.

阿瓦召久谷瓦洽，

As wab zhaos jiub gub was qiad，

卜召够萨窝起反。

Pub zhaob gous seax aos qib fanb.

来到我们家宅下，嫁女做客到此间。

看妹礼行真的大，领教跟我拜门来。

你要学乖或学傻，学乖学傻我教来。

人直问你实情话，实在是真不是假。

教妹如同猪脑傻，日后不会唱歌言。

一番学了十番怕，讲到学歌心里烦。

2.

做客拢单剖阿告，

Zuos keb longb dans boub as gaox，

苟让送通剖浪标。

Gous rangb songb tongb bous langx boud.

人生各有一种好，

Renb shengb geb yous yid zhongb haos，

安松龙浓苟萨偶。

Ans songb longd nongb gous seax oub.

投师访友古言道，

Tous shid fangb yous gub yuanb daob，

前人留路后人走。

Qianb renb lius lub hous renb zous.

燕山乔子有五告，

Yuanb shuanb qiaob zis youb wub gaob，

扬名留后把名有。

Yangb mingb lius houb bax mingb youd.

偶萨堂根有几套，

Ous seax tangb gengb yous jid taob，

麻假麻汝莎出周。

Mas jiax mas rub shax chus zhoub.

亚没阿板浪莎喜想米儿达潮，

Yas meib as banb langx shax xib xiangb mib jis dax chaob,

再斗昂爬龙白楼。

Zais doub ghax pab longs bais loub.

要把银钱来领教，

Yaos baby ins qianx lais linb jiaox,

埋苟钱当喂保某。

Manb gous qianx dangb weib baos moux.

送秋每让内总要，

Songb qiux meib rangb niet zongb yaos,

得蒙希望排天走。

Des mengb xis wangb pais tianb zous.

嘎出几度浪得法忘了玉皇教，

Gas chus jib dub langx des huab wangb les yub huangb jiaos,

忘恩负义弄老师。

Wangb ens fub yis nongb laos shid.

没昂散客常拢苟昂到，

Meis ghab sanb keb changb longb gous ghax daob,

难浓架蒙拢服酒。

Nans nongb jias mengb longb fub jious.

恩人要把恩来报，

Enb renb yaos bas enb lais baox,

水想浪牙想几够。

Shuid xiangb langb yas xiangb jis goux.

做客我们家里到，你们费心嫁女子。

人生各有一种好，安心和你学歌首。

投师访友古言道，前人留路后人走。

燕山乔子有五告，扬名留后把名响。

学歌堂更有几套，学假学真学不止。

还有一些人利什香米抬来到，格外再有送银有。

要给银钱来领教，舍得银钱我教施。

哪里送亲都需要，你有希望排天走。

莫做那些人得法忘了玉皇教，忘恩负义忘了师。

有日散客回家得肉了，炒肉喊我来吃酒。

恩人要把恩来报，会想也要想长久。

3.

洞充萨袍老班安，

Dongb congb seax paob laos banb anx,

麻安够挂内浪柔。

Mas anb gous guax niet langb roux.

安松龙浓学习点，

Ans songx longb nongb xiet xis dianb,

偶萨列嘎几让偶。

Ous seax liet gas jib rangb ous.

偶度堂根纵几关，

Ous dub tangb genb zongb jis guanx,

沙萨邦处喂你够。

Shax seax bangb chus weix nis goub.

堂卡陪客够然冉，

Tangb kas peib keb gous ras ranb,

你答我对乱几缪。

Nis das wob dis luanb jis mioux.

到度漂洋去过海，

Daob dus piaox yangb qub guos hais,

虐虐求苟求绒寿。

Nius niub qiub gous qiub rongb soub.

走召原夫麻加干，

Zhous zhaob yuanb fub mas jias ganx,

沙萨味浓照崩抱。

Shax seax weib nongb zhaob bengb baot.

剖奶蒙总要立个把凭莫送关，

Bous niet mengb zhongb yaos lis geb bas pinb mos songb guanx,

扛浓大胆沙蒙豆。

Gangb nongb dax danb shax mengb dous.

正大堂根把声开，

Zengb dab tangb genb bas shongb kais,

洞萨人众候几叟。

Dongb seax renb zongb hous jid sout.

歌唱老班都知全，会唱老人归了天。

安心和你学习点，学歌要到寨中来。

学话堂更总不管，学歌野外我不敢。

堂更陪客唱实在，你答我对闹热台。

得话漂洋去过海，日日去上那高山。

碰着原夫脾气坏，学歌为我把棍挨。

我们总要立个把凭莫送拐，让我大胆教你来。

正大堂更把声开，听歌人众才喜欢。

4.

吉除堂根蒙嘎然，

Jib chus tangb gend mengb gas rax,

大寨头等浪英雄。

Das zuanb tous dengb langs yinb xiongx.

车汉古人一叭拉，

Ches hais gub renb yis pas lax,

蜡文腊屋够几朋。

Lab wenb las wub gous jid pongb.

洞牙够充莎想假，

Dongb yas gous congb shab xiangb jias,

哑口几到度当容。

Yas kous jid daox dub dangb rongx.

投师龙牙偶大然，

Tous shid longd yas ous dab rax,

领教埋让萨大炯。

Lins jiaos manb rangx seax das jiongb.

不是漂言乱扯夸，

Bus shis piaos yuanx luanb ches kuas,

句句是讲话实情。

Jus jus shid jiangb huas shid qingb.

列浓阿苟汝昂爬，

Liet nongb as gous rub ghax pas，

吉油背斗没大寸。

Jib yous beix dous meib das cenb.

几尼龙葵偶卡卡，

Jis nieb longs kuib ous kas kas，

酷牙几单扛台蒙。

Kus yax jis danb gangb tuanb mengb.

苟度内蒙巴江萨，

Gous dub niet mengb bab jiangb seax，

同情喂浪意见被几同。

Tongb qingb weib langb yis jianb beib jis dongb.

歌唱堂更你才大，大寨头等的高才。

扯那古人一叭拉，横竖都要把我喊。

听妹唱歌我无法，哑口没有话接来。

投师和你学歌话，领教和你学歌言。

不是漂言乱扯夸，句句是讲话实在。

要买一条猪腿大，连带尾巴五寸远。

不是和你学空耍，走妹不送人讲谈。

今天问你实情话，同意我的意见莫扯远。

5.

送秋埋让叉走召，

Songb qius manb rangb cab zous zhaox，

几没走挂几干说。

Jis meib zous guab jis ganb shuob.

萨休本当不同套，

Seax xiub beng dangs bub tongb taob，

格外嘎养窝得扯。

Geb wanb gas yangb aos deb zhis.

有心和你来领教，

Yous xins heb nis laix linb jiaos，

沙浓打然萨窝拍。

Shax nongb dab ranb seax aos panb.

几尼洞空空如也把人漂，

Jis nib dongx kongb kongb rub yeb bas renb piaox，

再斗格外浪礼没。

Zais doub geb waib langb lis meib.

欧挑白浪阿挑潮，

Ous taob bais langb as tiaos coax，

再斗钱当扳几借。

Zais doub qiangb dangx banb jis jieb.

诚心肯把歌言报，

Chenb xins kenb bas geb yuanb baos，

召嘎几关拿几奶。

Zhaob gas jid guanb nab jis niet.

出起沙喂浪当照，

Chus qib shax weib langb dangb zhaos，

阿奶得牙麻够萨，

As niet des yab mab gous seax，

几常吉仇列嘎则。

Jis changb jib choub liet gas zheb.

偶到蒙浪汝萨剖洞闹，

Ous daob mengb langb rub seax bous dongb naob，

汝嘎堂抢猛陪客。

Rub gas tangb qiangb mengb peix kes.

忘了没昂纵想到，

Waangb leb meib ghangb zongb xiangb daob，

难蒙吉柔几嘎喂。

Nangb mengb jib roub jis gas weib.

包喂出萨扛热闹，

Baos weib chus seax gangb roub naob，

是人赞叹了不得。

Shid renb zanb taib les bub des.
喂号卜洞阿板拢，
Weib haos pub dongb as bans longb，
送秋内让又沙到，
Songb qiub niet rangb cab shax daob，
偶照埋洞拔小姐。
Ous zhaob manb dongs pab xiaob jieb.
忠臣孝子把情报，
Zongb chengb xiaos zis bas qingb baos，
得艺忘师要不得。
Des yub wangb shid yaob bub dex.

嫁女到边才听到，没有相逢不敢述。
歌言本当不同套，格外又多内容足。
有心和你来领教，教我几首歌言数。
我不是空空如也把人漂，再响格外礼情做。
两挑粑粑米一挑，再有钱币和衣服。
诚心肯把歌言报，花钱不怕我舒服。
有心教我有依靠，这个妹妹唱歌呀，倒来倒去要莫组。
学得你的好歌本奥妙，好去堂中做师父。
忘了有时想得到，喊你近我身边述。
教我唱歌送热闹，是人赞叹都讲足。
我要报人们说这些歌，嫁女做客才学到，学从你们歌小组。
忠臣孝子把情报，得艺不能忘师父。

二、唱输推辞歌

1.

做客输萨心劳累，
Zuos keb shud seax xins laob liet，
吉郎浪善排告从。
Jis liangb langb shuanb pais gaox congb.
辞别亲亲小姊妹，

Cuis bies qingb qingb xiaos jieb meix,

大戏出卡内看冬。

Das xib chus kab niet kans dongx.

换抬换挑扛埋气，

Huans tuans huans taox gangb manb qix,

几奶空气苟声兵。

Jis niet kongb qis gous shongb bingt.

见弄唐王当克薛仁贵，

Jeans nongb tangb wangx dangb keib xieb renb guib,

候到高丽猛征东。

Hous daob gaos lib mengb zhenb dongb.

喂列出挂解手闹半地，

Weib lieb chus guas jiet shoud naos bans deb,

年老年叫寿常猛。

Nians laos nians jiaos soux changb mengb.

退脚回转家中睡，

Tis jiaos huib zhuans jias zhongb shuid,

西大扛埋归列从。

Xis dab gangb manb guis liet congb.

做客输歌心劳累，心内害怕颤抖打。

辞别亲亲小姊妹，大家做客别人家。

换抬换挑让人替，哪个肯替感谢他。

好似唐王等薛仁贵，帮到高丽去征垮。

我要装作解手外头去，悄悄动脚转回家。

退脚回转家中睡，明天早饭不来洽。   洽：方言，指吃。

2.

洞浓出萨本楼鸟，

Dongb nongb chus seax bengb lous niaos,

阿帮礼松蒙车兵。

As bangb lis songx mengb cheb bingt.

文武礼仪草见乔，

Wenb wub lis yis caos jianb qiaos,

红拿三国孟依林。

Hongb nas sanb guob mengb yis liongb.

朝中腊召背斗窝，

Chaob zhongb las zhaos beib dous aos,

窝召华容善窝从。

Aos zhaob huas rongb shuanb aos congb.

陀罗公主将飞刀，

Tuob luos gongb zhus jiangb feib daox,

扣剖莎弟窝台公。

Kous bous shab dib aos taib gongx.

输萨腊将几拉老，

Shub seax las jiangb jis lab laos,

克战齐夫阿苟兵。

Keis zhanb qib fux as goub bingt.

听哥唱歌嘴才好，礼行广泛好声音。
文武礼仪都全了，好似三国孟依林。
朝中也被放火烧，烧在华容伤了心。
陀罗公主放飞刀，砍下的人断喉颈。
输歌没有地方跑，心里抖怕战惊惊。

3.

歌言书萨书阿逃，

Guos yuanb shud seax shud as taob,

书度比理书阿奶。

Shud dub bub lis shud as niet.

接连书了几十套，

Jiet lianb shud leb jis shid taob,

召崩单弄苟欧得。

Zhaob bengb dans nongx gous oud des.

周郎追赶最曹操，

Zhous liangb zuis gans zuis caob caob,

败阵寿常闹华国。
Bans zhengb soud changb naos huas guob.
几斗窝求得打算，
Jis doub aos qiub des dax suanb,
嘎想西大列从客。
Gas xiangb xib dab liet congb keib.

歌言一句我输了，输话比理输一笼。
接连输了几十套，怕堂冷汗衣湿通。
周郎追赶杀曹操，败阵跑去走华容。
败了没有地方跑，莫想早饭进口中。

4.

投上降书嘎吉他，
Tous shangb xiangb shud gas jis tax,
将浓嘎苟拔初逼。
Jiangb nongb gas goub pas chus bib.
玄德败阵久得然，
Xiangb des bans zhengb jious des rab,
候送得莎列作急。
Hous songb des shax liet zuos jib.
秋虫秋要莎装假，
Qiub congb qius yaos shax zhangb jias,
几空候板阿着棋。
Jis kongb hous bans as zheb qib.
吉要扛能列忙差，
Jib yaob gangb nengb liet mangb chas,
西大列从少人吃。
Xis dab liet congb shaob renb chis.

投上降书求你话，要哥莫把妹粗逼。
玄德败阵无有法，帮送妻女要着急。
姊妹一帮都装傻，不肯帮我摆一棋。

再到送吃夜饭摆，明天早饭少我吃。

5.

青龙白虎达然然，

Qingb longs bais fub dax ran rans,

得拔得浓巴鸟见。

Des pab des niongb bas niaob jianx.

打到昂能埋列萨，

Das daob ghangx nengb manb liet seax,

加喂几到萨勾玩。

Jias weib jis daob seax gous wanb.

四书关前讲狠话，

Sid shub guanb qianx jiangb henb huas,

同浓飞虎到为难。

Tongb nongb feib fub daob weib nanb.

人众面前先告假，

Renb zongb mians qianb xians gaob jias,

喂列出外干手阿伞伞。

Weib liet chus waib gans shoud as sanb sanb.

立心莫想埋浪列，

Lis xinb mos xiangb manb langx liet,

常猛兄便油白久。

Changb mengb xiongb bias youb bais jious.

青龙白虎齐了驾，男儿女儿都齐全。

吃饱你们要歌答，差我不会唱歌言。

四书关前讲狠话，好似飞虎为了难。

人众面前先告假，我要出外解手去得远。

立心莫想早饭洽，回去喝汤我也愿。

6.

辞别卜扛埋牙苟，

Cis beib pus gangb manb yas gous,

打席出卡内浪冬。

Da xib chus kab niet langb dongx.

几奶空气气阿柔，

Jis niet kongb qib qib as rout，

咱拔落难你兵声。

Zhas pab luob nanb nis bingt shongx.

见弄扫北落难五关口，

Jianb nongb shaos bais luos nanb wub guanx kous，

难娘官女拔英雄。

Nans niangb guanb nvb pas yingb xiongb.

埋浪飞刀冲到几告斗，

Manb langx feib daob chongb daob jis gaob dous，

抓召吉久拿几猛。

Zhas zhaob jis jious nab jis mengb.

合唱剖走最度标，

Heb changb bous zhous zuis dub boub，

蒙浪萨袍出兵同休风。

Mengb langb seax paob chus bingb tongb xius fongb.

扛剖打算跟脚连夜走，

Gangb bous dab suanb genb jiaos lianb yeb zous，

西大扛埋归列从。

Xis dab gangb manb guis liet congb.

辞别讲送你们知，大家做客别人村。

哪个肯替替阵子，见妹落难不出声。

好似扫北落难五关口，只怕宫女好雄英。

你们飞刀拿得在你斗，飞来斩下受苦情。

好似我遇主家头，你的歌言唱得好声音。

我想打算动脚连夜走，明天早饭你们省。

7.

考岁西虐浪窝冬，

Kaob suid xis niub langx aos dongb，

秀达虐满浪柔休。

Xious dab niub mans langb roux xius.

窝柔浓到腊朋浓，

Aos roub nongb daos las pongb nengb,

买得自己把情书。

Mais des zis jib bas qingb shux.

几必见约窝内共，

Jis bib jeans yox aos niet gongb,

得牙得羊浪当久。

Des yab des yangx langb dangb jiux.

吉久兵老几斗绒，

Jib jious bingx laos jid dous rongb,

腰弓背驼吉哭哭。

Yaos gongb beix tuob jib kus kus.

江江尼斗阿吼弄，

Jiangb jiangb nib dous as houx nongb,

将太吉标卜鲁苏。

Jiangb taix jib bous pub lub sux.

没昂列常冬棍炯，

Meib ghax liet changb dongb ghunb jiongb,

共闹加处腊达夫。

Gongb naos jiab chus las dab fux.

人老松方苟萨乔，

Renb laos songb fangb gous seax qiaob,

萨忙欧逃召弄图。

Seax mangb ous taob zhaos nongb tux.

共约窝求出几到，

Gongb yos aos qiub chus jid daox,

斗你吉标炯几母。

Dous nib jib doux jiongb jis mub.

苟冬阿吼几卜召，

Gous dongb as houb jib pux zhaob,

自尼炯标卜鲁苏。

Zis nib jiongb boud pub lux zhaos.
召秋召兰便照告，
Zhaos qiub zhaos lanb bias zhaos gaob,
兰汝召齐牙亚久。
Lans rub zhaos qib yas yab jius.
斗你吉标冲察闹，
Dous nib jib boud chongb chas naos,
炯召板纵出阿补。
Jiongb zhaos bans zongb chus as bub.

可惜过去的日月，挂念以前年当初。
年纪过了才可惜，买得自己把情数。
不觉老了年一些，样子面貌都模糊。
身上力气都没得，腰弓背驼受了苦。
只有嘴巴乱讲说，排天整日讲啰嗦。
有日要述这情节，抬去山中翁了土。
人老愁苦要不得，歌唱两句真言吐。
老了件总受苦业，坐在家中只烤火。
工夫没有了一切，万般无能尽了数。
歌唱堂中没得色，不要人说我清楚。
不能为主我明白，这等实情不要述。

三、替唱起歌

1.

尼内尼总话喂偷，
Nis niet nis zongb huas weib tous,
尼总奶奶话喂涌。
Nis zongb niet niet huas weib yongb.
嘎弄出萨窝起寿，
Gas nongb chus seax aos qib soub,
斗埋浪度拿几崩。
Dous manb langx dub nas jid bengb.

度标嘎吽留打豆，

Dus boud gas hongb lius dab doux，

排竹浪总同喊拢。

Pais zhus langb zongb tongb hais longb.

腊照苟萨拢推辞，

Las zhaob gous seax longb teib cis，

萨袍龙埋拢吉忍。

Seax paos longb manb longb jib renb.

是人都要我接口，人众个个要我来。

口里歌唱心里抖，接你的话我胆寒。

主人力大堂屋守，很人的人守门边。

只有用歌来推辞，歌唱你们容忍点。

2.

开强开照埋让你，

Kais qiangb kais zhaob manb rangs nid，

强汝开你埋浪组。

Qiangb rub kais nib manb langx zus.

同葡埋让汝粮西，

Tongb pus manb rangx rub liangb xis，

梅得潮弄几瓦鲁。

Meis des chaos nongb jis was lub.

子羊尼共欧谷比，

Zis yangb nis gongb ous gub bis，

弄几浓到阿挑鲁？

Nongb jis nongx daos as taox nub？

共虫再金猛包几，

Gongb congb zais jingb mengb baos jid，

嘎岔棍草求巴都。

Gas chas ghuenb caos qiub bas dux.

休斗列起乖最最，

Xius doub liet qib huanb zuis zuis，

休闲走照过山虎。

Xius naos zous zhaob guob shuanb fub.

市场开在你家里，好场开在家里头。
扬名你们粮食贵，卖这小米和大豆。
子羊抬来四十几，怎能买得这粮食？
重担我也抬不起，莫找麻烦上心头。
举脚动身要后退，动脚遇上猛虎头。

3.
　　拢通埋让出内卡，
　　Longb tongb manb rangb chus niet kas，
　　出卡拢通埋浪组。
　　Chus kas longb tongb manb langx zus.
　　锐剖拢抱埋拢抓，
　　Ruis boud longb baos manb longb zhas，
　　锐牙拢抱教斗油。
　　Ruis yas longb baos jiaox dous youb.
　　埋纵班排苟萨岔，
　　Mans zongb bans pais goud seax chas，
　　弄几陪到蒙巴秋？
　　Nongb jis peib daox mengb bas qius？
　　腊皮斗萨腊皮洽，
　　Las spib dous seax las pib qiab，
　　斗度窝起纵几竹。
　　Dous dub aos qib zongb jis zus.
　　见弄裴元庆洽扛常咱李元霸，
　　Jian nongb peib yuanb qinx qias gangb changb zhas lid yuanb bas，
　　腊照闹梅投师父。
　　Las zhaob naob meib tous shid fub.
　　卜包反王几斗然，
　　Pus baos fanb wangx jis doub ras，
　　几娘取消照头夫。

Jis niangb qib xiaos zhaos toub fub.

猛单营门抱几挂，

Mengb dans yinb menb baos jis guax,

几娘散花拔公主。

Jis niangb sanb huas pas gongx zhus.

来到你们家宅下，做客来到你们村。

拖我呆人把歌答，拖我来打鼓皮新。

你们要求唱歌话，怎有胆量来陪人？

边唱歌声心边怕，张嘴有话闷在心。

好似裴元庆也怕会你李元霸，只有下马投师人。

讲到反王没有岔，败仗取消得安心。

走到营门打不下，也打不过陀螺狠。

4.

白标人众埋几话，

Bais boud renb zongb manb jis huab,

萨袍的的列喂板。

Seax paob des des liet weib bans.

看我人善好欺压，

Kans wob renb shuanb haos qib yas,

马善多骑马一点。

Mas shuanb duob qib mas yix dianb.

吉伞豆内苟巴洽，

Jib suanb dous niet gous bas qias,

泥条等望软泥产。

Nins tians dengb wangb ruanb nins chans.

吹昂将太汝几抓，

Cuis ghuanb jiangb tais rub jis zhas,

阿腊吹善埋几敢。

As las cuis shuanb manb jis ganx.

窝兰腊尼那拢大，

Aos lanb las nib nas longb dax,

扛埋阿图拔秋腊几先。

Gangb manb as tub pas qiub las jib xians.

满堂人众不讲话，歌唱偏偏要我耍。
看我善人好欺压，马善多骑一点马。
插棍选着软泥插，泥条等望软泥巴。
墙矮多有众人跨，那些墙高不敢跨。
亲上加亲亲戚大，女儿嫁送你们也都不肯罢。

5.

剖拢吉吹嘎几江，

Bous longb jib cuis gas jis jiangx,

样剖嘎将窝声兵。

Yangb bous gas jiangb aos shongb bingt.

白乙让位退首阳，

Bais yub rangb weib tuix soud yangx,

几瓦吉无闹内翁。

Jis was jib wub naos niet wengb.

车马止住见武王，

Ches mas zhis zhus jianb wub wangx,

武王伐纣路头军。

Wus wangx fas taos lub tous jingb.

有马千事不敢当，

Yous mas qiangb shid bub gans dangx,

名传百代到如今。

Mingb chuans bais daib daox rub jings.

我们来到你家堂，忍让我们声莫做。
白夷让位退首阳，旁边四下有高出。
车马止住见武王，武王伐纣路头虎。
有马千事不敢当，名传百代到今如。

6.

让内让虐几单剖，

Rangb niet rangb niut jid danb bous，

列见列嘎喂梅单。

Liet jianb liet gas weib meib danb.

家中无有外中求，

Jias zhongb wub yous wanb zhongb qius，

列度窝起喂几安。

Liet dub aos qib weib jis anb.

无月发亮不登楼，

Wub yues fab liangb bus denb lous，

平山竹树椿得萱。

Pingb shuanb zhub shud chenb des xianb.

水洞尼捕增广词，

Shuid dongb nix pus zenb guangb cis，

无材哪怕深如海。

Wus caib nas pax shengb rub hais.

找工不到我出头，要钱要米我取来。
家中无有外中求，要话心中我不敢。
无月发亮不登楼，平山竹树椿得萱。
会听是讲增广词，无才哪怕深如海。

7.

喊我唱来我就唱，

Hais wob changb lais wob jius changb，

不唱你们紧要喊。

Bus changb nib menb jings yaos hais.

出口唱来不像样，

Chus koub changb lais bub xiangb yangb，

相蒙实在尼几见。

Xiangb mengb shid zaib nid jis jianb.

加剖挂约柔阿朗，

Jias boub guas yos roub as langx,
萨袍然齐久尖尖。
Seaxz paos rab qib jius jianb jianb.
同油干格偶几娘,
Tongb yous ganb geib ous jib niangb,
松拿拼朋然久干。
Songb nas pingb pong bras jious gans.
开口是盖闭口相,
Kais kous shid ganx bib kous xiangb,
阿逃度拢尼麻单。
As taob dub longb nib mas danb.
求你众人把我放,
Qius nib zongs renb bas wob fangb,
嘎苟内共喂裸连。
Gas gous niet gongb weib luos lianb.

喊我唱来我就唱,不唱又紧要压逼。
出口唱来不像样,不像不成我不会。
开口是呆闭口相,这句话儿是真的。
老牛叫声不响亮,唢呐吹响声又毁。
差我过了半辈上,一切歌唱忘了齐。
求你众人把我放,莫把老人我粗逼。

四、替唱的歌

1.

召度堂根难喂捕,
Zhaos dub tangb gernb nan weib pub,
几尼冲江苟蒙抢。
Jis nib congb jiangs goud mengb qiangx.
去度旁边嘎几虐,
Qis dub fangb bians gas jib nius,
告追苟萨拢前航。

Gaos zuis gous seax longb qianb hangb.

阿奶书度拿几苦，

As niet shud dub nas jix kub，

几安几到内苟强。

Jis anb jis daos niet gous qiangb.

三皇五帝卜几久，

Sanb huangx wud dib pud jib jiut，

前朝浪度嘎养筐。

Qians chaob langb dus gas yangb kuangt.

封神演义周文武，

Fongb shengb yanb yis zhous wenb wut，

杀人放水神仙当。

Shas renb fangb shuid shengb xianb dangb.

封神台上把文捕，

Fongb shengb tais shangb bas wenb pub，

各封神位才安康。

Geis fongb shengb weix cais ans kangb.

讲到列国分七主，

Jiangb daos liet guos fenb qib zhus，

说破不了话明堂。

Shuod pob bus liaob huas mingb tangx.

六国告郎数情卜，

Lus guob gaos langb shub qingb pus，

七国庞涓心不良。

Qib guos pangb jianb xins bub liangx.

三国卡算孔明久，

Sanb guob kas suanb kong mingb jiut

忠义尼捕关云长。

Zongb yis nib pus guanb yunb changb.

单送唐朝唐高祖，

Danb songb tangb cgaos tangb gaos zub，

征西前后报反唐。

Zhenb xis qiangb hous baod fanb tangs.

李代回朝帮味堵，

Lis dais huid chaob bangb weib dub，

一十四个太保叉没刚。

Yis shid sib geb tais baos chas meib gangx.

唐代女王又主主，

Tangb dais nvs wangx yous zhus zhus，

尼卜武则天否出王记坐金狼。

Nix pus wub zeb tianb wous chus wangx jis zuos jingb liangd.

宋朝接位腊达夫，

Songb chaos jiet weib las dab fub，

包公日夜断阴阳。

Baos gongb ris yes danb yins yangx.

杨家兵将如山虎，

Yangb jias bingb jiangs rub shuanb fux，

破阵桂英候帮忙。

Pos zhenb guis yingb hous bangb mangd.

明朝皇帝朱红五，

Mingb chaos huangb dib zhus hongb wud

刘伯温卡算也本强。

Lius bos menb kas suanb yeb bengb qiangx.

清朝尼汉老巴土，

Qingb chaos nib hans laos bas tub，

无军无计无主张。

Wus jingb wub jis wub zhus zhangb.

讲到民国不快夫，

Jiangb daos mingb guos bub kuans fub，

独立各霸无有王。

Dus lib geb bas wub yous wangb.

黎民百姓腊见鲁，

Lis mingb bais xingb las jianb lut，

各处造反楼堂堂。

Ges chus zhaos fanb lous tangb tangb.

召将声够萨叉虐，

Zhaos jiangb shongb gous seax chas niut，
萨袍召斗几没藏。
Seax paos zhaob dous jib meib changb.
必度古人嘎扛组，
Bis dub gub renb gas gangx zhus，
阿逃几安王加强。
As taob jis anb wangb jias qiangx.

放话堂更我难述，不是充好把你谎。
替话旁边心莫火，在后把歌来填行。
一个输歌实在苦，不知没有什么讲。
三皇五帝也有古，前朝的话多宽广。
封神演义周文武，杀人放水神仙当。
封神台上把文捕，各封神位才安康。
讲到列国分七主，说破不了话名堂。
六国里面有情数，七国庞涓心不良。
三国掐算孔明主，忠义是讲关云长。
到了唐朝唐高祖，征西前后到反唐。
李代回朝帮气堵，一十四个太保也有刚。
唐代女王又主主，是讲武则天她做皇常坐金床。
宋朝接位有情数，包公日夜断阴阳。
杨家兵将如山虎，破阵桂英都帮忙。
明朝皇帝朱洪武，刘伯温掐算也本强。
清朝都是老巴土，无军无计无主张。
讲到民国不快活，独立各霸无有王。
黎民百姓受了苦，各处造反无名堂。
丢了歌言我不数，歌声丢下到长江。
答话古人不要组，一句不能歪理讲。

2.

召萨堂根扛喂难，
Zhaos seax tangb genb gangb weib nans，
扛喂照追苟萨坝。

Gangb weib zhaos zuis gous seax bans.

虫浓候蒙共阿全,

Congb nongb hous mengb gongs as qianx,

难喂吉候蒙几瓦。

Nans weib jib hous jis wab.

阿半萨拢唱了一代又一代,

As bans seax longb changb leb yis daib yous yid daib,

阿逃几安腊输那。

As taob jis anb las chub nas.

弄内阿半几没江萨炯干干,

Nongb niet as bans jis meib jiangb seax jiongb gans ganb,

数乖达吾自几嘎。

Shud guanb das wub zis jib gas.

纠奶气萨谷奶害,

Jious niet qib seax guos niet hais,

空除纵没阿虐巴。

Kongb chus zongb meis as niux bas.

内几列扛单嘎从浪内求比占,

Niet jin liet gangb danx gas congb langb niet qiub bis zhans,

茶梅浪昂达起茶。

Chas meib langb ghangx dab qib cas.

放歌堂更把我难,让我在后把歌说。

不是担子有人担,担子重了可分些。

这些歌儿唱了一代又一代,一句不懂输情节。

旁边的人不会唱歌多自在,自由自在舒服也。

几人替歌十分害,肯唱输了不得色。

几时要等到早晨太阳出了面,洗脸之时才可也。

3.

牙林召萨扛剖气,

Yas liongb zhaos seax gangb bous qib,

将斗亚扛喂拢玩。

Jiangb dous yab gangb weib longb wanb.

同内几察迷花尼,

Tongb niet jis chas minb huas nix,

几八吉白闹窝判。

Jis bas jib bais naos aos pans.

西同替死梅良玉,

Xis tongb teib sid meib liangb yus,

自愿替生死不管。

Zis yuanb teib shengb sid bub guans.

召萨嘎排常苟追,

Zhaos seax gas paib changb gous zuis,

千斤重担我担来。

Qiangb jins zhongb dans wos danb lais.

姐妹放歌让我替,放手我来唱几声。

好似纺车棉花细,纺成丝绒一大捆。

西同替死梅良玉,自愿将死来替生。

接了不想得后退,千斤重担我担承。

4.

几够单约阿浪忙,

Jis goud danb yos as langb mangx,

洞埋欧告浪萨第一缕。

Dongb manb ous gaos langb seax dib yis lous.

牙苟内得打败仗,

Yas gous niet des dab bans zhangb,

营盘莎照蒙产楼。

Yins pans shax zhaos mengb chanb lous.

见弄罗坤几总内浪状,

Jianb nongb luos kuenb jis zongb niet langb zhangb,

街前吉候内几抱。

Jies qianb jib hous niet jis baot.

打容照追莎相剖。

Das rongb zhaos zuis shab xiangb boub.

几够放拢难明忙，

Jis goud fangb longb nanb mingx mangd,

几到迷然亚照寿。

Jis daob mis ras yax zhaos soub.

歌唱到了半夜上，你们两面歌唱好几轮。

姊妹母女打败仗，营盘都被你踩平。

好似罗坤去接人的状，街前帮助齐巧云。

黑狗在前咬不上，白羊在后无了能。

歌唱几时才天亮，没唱几轮败下坑。

5.

牙林召萨苟剖难，

Yas liongb zhaos seax gous bous nans,

将斗亚扛喂拢说。

Jiangb dous yab gangs weib longb shud.

纠奶气萨谷奶害，

Jius niet qib seax gub niet hais,

再列害养欧补奶。

Zais liet hais yangb ous bub niet.

内号几没出萨炯干干，

Niet haos jis meib chus seax jiongb gans ganb,

将豆将斗几嘎乖。

Jiongb dous jiangb dous jib gax guanb.

列当内通告比占，

Liet dangb niet tongb gaos bib zhans,

弄几当娘昂单内。

Nongb jis dangb niangb ghangb danb niet.

姐姐放歌把我难，放手又送我来说。
九人替歌十人害，再要多害两三百。
旁边人们多自在，放心放下多优越。
要等太阳见了面，几时等到东方白。

6.

气萨从盐气共图，
Qis seax congb yuanb qis gongb tus,
帮你自愿去挑岩。
Bangb nis zis yuanb qib tiaos yuanx.
一情不了一情术，
Yis qingb bus liaos yub qingb shud,
阿逃几安自为难。
As taob jis anb zis weib nanb.
堂根扛喂书达奈，
Tangb genb gangs weib shud dab nans,
扛埋照追周果先。
Gangb manb zhaos zuis zhous guos xianb.

替我我愿替抬树，帮你自愿去挑岩。
一情不了一情术，一句不知就为难。
堂更送我把歌输，你们在后笑开颜。

7.

盘根理古照堂纵，
Panb gend lis gub zhaos tangb zongb,
日多本差拉，
Ris duob benb cas lab,
共豆吉照豆叉如。
Gongb dous jid zhaob dous cab rub.
出约冬豆几几明，
Chub yos dongs doud jis jis mingb,
列内苟那吉高初。

Nieb nieb goud nas jid gaob chub.

东西日月排古冲，

Dengb xid ris yeb panb gud congb，

地皇照追立古书。

Deib huangb zhaos zuib lis gud shub.

人皇胜了几留印，

Rens huangx shenb led jid jiub yinb，

女娲炼石把天补。

Nvs wad lianb shid bas tianb bub.

书吉昌吉四几正，

Shud jis changb jid sid jid zhengb，

伏席出到头莽读。

Fus xid chub lies daos toub mangb dub.

背苟玉皇没拢朋，

Beis goub yid huangb meib longb bengx，

纣王无道分兵书。

Zhoub wangb wub daox fenb bingd shud.

子牙山浪罗抢洞，

Zis yab sand langb loud qiangb dongb，

西齐山上拜草录。

Xis qid shanb shangb band caod lux.

卫国人马同吾穷，

Weibd guob rend mas tongb woub qiangb，

跑船一下归水陆。

Paob chuanb yid xiab guid shuib lub.

康王本没干那明，

Kangb wangb bens meib ganb nas mingb，

内岔陀罗拔公主。

Nies cab tuob loud pab gongb zhub.

陀罗苟久道法用，

Tuob loud gous jioub daob huab yongb，

逼到罗通苟配夫。

Bid daos luob tongb gous pid fub.

虐满反唐卜李进，

Nius menb fanb tangb pub lid jinb,

六个豆儿出了火。

Lius ged doub erd chub les huox.

武则天浪火一笼，

Wus zeb tianb langb huod yis longb,

放来人了几百命，

Fangs laib rend led jis bieb mingb,

用计穷狗破胡芦。

Yongs jid qiongb goud pob fub lud.

谢美祖上知天文下知地理，万物生长吾成品。

Xieb meid zhus shangb zhid tianx wenb xiab zhis deib lib, wans wud shenb zhangx wud chengb pings.

家内斗内汝工夫。

Jias nieb doub nies rub gongs fud.

范梨花满身八宝用一阵，

Huanb lix huab manb shenb bab baox yongb yis zhenb,

黎头腊召环林都。

Lit toud las zhaox huand linb dus.

赵枪应郎标麻林总，

Zhaob qiangx yind langb boud mas liongb zongd,

西虐仁宗不认母。

Xis niub rend zongx bud renb mub.

笔蒙浪萨扛告冲，

Bib mengd langb seax gangb gaot congb,

前朝后汉、一十八家反王，

Qianx chaot houd huaib、yid shid bab jias fuanx wangb,

萨袍莎且照拢久。

Seax paob shab qieb zhaob longb jioub.

盘根理古在堂中，日多本差拉、拱土上升山地出。

天地形成光不明，再要日月光亮火。

东西日月盘古正，地皇在后立古书。

人皇胜了记留印，女娲炼石把天补。

书吉昌吉四几正，伏羲八卦立在书。

高山玉皇有鼓声，纣王无道分兵输。

子牙山中罗抢洞，西岐山上拜草盅。

卫国人马如水冲，跑船一下归水陆。

康王本有月光明，女将陀罗大公主。

陀罗把了道法用，逼到罗通配成夫。

古时反唐讲李进，六个豆儿出了火。

武则天的火一笼、放来人了几百命，用计血狗破葫芦。

谢美祖上知天文下知地理，万物生长吾成品。

家内有妈好功夫。

范梨花满身八宝用一阵，黎头也被环林输。

赵匡胤家中有人众，古代仁宗不认母。

还你的歌在堂中，前朝后汉、一十八家反王，

歌唱圆边不再舞。

8.

够萨堂根蒙安板，

Gous seax tangb genb mengd ans banx,

对答吉炯累累册。

Dis das jis jongb lieb lieb cheb.

三位将军在哪先？

Sanx weid jiangb jins zanb nas xiand?

哪个在先才为得？

Nas ges zanb xiand caib weid deb?

火烧桃源是哪载？

Huob xiaob taob yuand shid nas zhuanb?

问你哪个带火革？

Wend nis nas geb daib huod gieb?

哪吒出世哪里来？

Lab zhab chub shid nab lib laib?

盘古浪骂葡几奶？

Panb gud langb mas pub jid nied?

李三宝，

Lis sanb baox，

好多年纪来挂帅？

Haob duos nianb jis laib guab suanb？

拿几得就绒单得？

Nas jid deb jioux rongb dans deb？

金宝童生，

Jins baos tongb shenb，

他在何州城何县？

Tas zanb heb zhoub chengb hed xianb？

蒙安蒙岔苟包内。

Mengs ans mengb cab gous baob nieb.

哪个转亲桃员外？

Nas geb zhuanb qinb taob yuanb wand？

得拔苟将扛几奶？

Des pab goud jiangb gangb jid nies？

武侯娘娘有大难，

Wus heb niangb niangb yous das nanb，

几奶大牙否浪得？

Jis nieb das yas woub langb dieb？

堂根毕萨列扛板，

Tangb genb bis seax lieb gangd ban，

笔板达起难角色。

Bib bans das qid nanb gaob sed.

堂中歌唱你知全，对答如流累累册。

三位将军在哪先？哪个在先才为得？

火烧桃源是哪载？问你哪个带火革？

哪吒出世哪里来？盘古之父叫某爷？

李三宝，好多年纪来挂帅？好大年纪大力得？

金宝童生，他在何州城何县？你知你讲对我说。

哪个转亲陶员外？小姐嫁送哪名也？

武侯娘娘有大难，哪个杀她小儿殁？
堂中还歌要全面，答对才叫好角色。

9.

开讲数言口开教，

Kais jiangb shub yuanb koub kaib jiaob,

特娘湖南久尖尖。

Tis niangb hub nanb jiud jiand jeans.

贫人内走头读要，

Pinb renb nied zoud toub dux yaob,

吉除走蒙才子天。

Jis chub zous mengd caib zis tianx.

三位将军一口告，

Sanb weid jiangb jins yid kous gaob,

唐妹为了献红权。

Tangb meid weis led xianb hongb qiand.

汉银王猫卜吉报，

Huaib yins wangx maot pux jis baob,

补奶莎尼大勇蛮。

Pus nied seax nis das yongx manb.

寅卯元年放火烧，

Yinb maob yanb nianb fangb huod shaod,

自尼几苟代背斗，

Zis nid jis goub daib bix dout,

阿就就拉窝桃源。

As jioud jioub las aos taox yuanb.

哪吒出世自尼打破血球跑，

Lab zhad chub shix zis nid da pox xiex quid paob,

林拢吉候保西天。

Liongb longb jis houb baod xix tiant.

李三宝一十二岁名传高，

Lis sanb baod yis shid erb suib mingb chuant gaob,

扬名同葡奶奶安。

Yangb mingb tongd pub nies nies and.

盘古阿爸西虐难葡鱼龙宝，

panb gud as bab xis niub nanx pud yub longb baod，

笔萨浪样见久见。

Bis seax langb yangd jiand jiub jiuab.

秦汉卵儿戴了栽天帽，

Qinb huaib luanb erb dais leb zhuanb tianb maob，

告豆否出地皮孩。

Gaos doub woud chus deib pix huanb.

军官大王否中告，

Jings guanb das wangb woux zhongd gaot，

破阵久斗窝得台。

Pob zhengs jioud dous aos deb taib.

薛兰英浪纪兰英成配交保得到老，

Xues lanb yings langb jis land yingb chengb pis jiaob baod des daosb laox，

报仇苟追良子件。

Baob choub goud zuis langb zid jianx.

寅卯元年达白闹，

Yinb miaos yuanb nianb das biex niaob，

龙王三太子克咱腊召浪砂棍。

Longs wangb sanb taib zid koud zhax las zhaob langb shab ghax.

桃员外浪得嫁送黄飞虎自尼飞玉浪嫂嫂，

Taos yuanb wanx langb des jiab songb huangb feis fub zis nib feib yub langb saob saob，

象召得拔苏踏急，

Xiangb zhaos des pab sud tab jib，

害牙小姐命归天。

Huaib yas xiaod jies mind guib tiand

武侯娘娘起心跳，

Wus heb niangb niangb kib xind tiaob，

几长几用汉李代。

Jis changb jis yongb huais lib daib.

笔蒙浪萨召几召，

Bis mengb langb seax zhaox jis zhaob,
克洞告共背几偏。
Kes dongb gaos gongb bid jis pianb.

开讲数言口开教，盖过湖南的上天。
我是穷人贫苦书读少，歌唱才觉才子浅。
三位将军一口告，唐妹为了献红权。
汉银王猫讲成套，三个都是大勇蛮。
寅卯元年放火烧，那年正月窝桃源。
哪吒出世就是打破血球泡，后来长大保西天。
李三宝一十二岁名传高，扬名天下都知完。
盘古阿爸古时叫作鱼龙宝，这样答歌全不住。
秦汉卯儿戴了栽天帽，以后他做地皮孩。
军官大王他镇倒，破阵没有地方钻。
薛兰英和纪兰英成配交保得到老，报仇在后良子采。
寅卯元年下雪浩，龙王三太子得病在身染了灾。
陶员外的儿子嫁送黄飞虎就是飞玉的嫂嫂，
想到妖精苏妲己，害他小姐命归天。
武侯娘娘起心跳，回头才害这李代。
还你的歌到不到，唱对古书或打偏。

10.
　　召萨堂根扛喂难，
　　Zhaob seax tangb genx gangb weid nanb,
　　扛喂照追苟萨坝。
　　Gangb weib zhaob zuid goub seax zeb.
　　几尼阿挑虫浓候蒙共阿全，
　　Jis nis as taob congd nengb hes mengd gongx as qianb,
　　难喂吉候蒙几瓦。
　　Nanb weid jis heb menb jis wab.
　　阿半萨拢唱了一代又一代，
　　As band seax longb changb le yis daib youx yis daid,
　　阿逃几安腊输那。

As taob jis anb las shux nas.

弄内阿半几没江萨炯干干,

Nengs nied as banb jis meid jiangx seax jongb ganb ganb,

数乖达吾自几嘎。

Shub gueb das wud zis jid gab.

纠奶气萨谷奶害,

Jioub nieb kid seax guob nieb huanb,

空除纵没阿虐巴。

Kongb chux zongb meid as niub bas.

内几列扛当单嘎从浪内求,

Nied jis lieb gangx dangb danb gas chongb langb nied qius,

茶梅浪昂达起茶。

Chab meis langb angs das khid chab.

放歌堂中我受难,让我在后把歌说。

不是一挑担你不抬我来担,我来分担就轻些。

这些歌儿唱了一代又一代,一句不知知输也。

旁边的人不会唱歌坐自在,困觉自由自在也。

九人替歌十人害,肯唱总有一日克。

都要等到太阳东升到地面,洗脸之时才可也。

五、唱韩金传·唱孔儒的歌

1.

皮够萨忙皮作对,

Pib gous seax mangb pis zuox dis,

龙剖卜度列云诗。

Longs bous pux dub lieb yund shid.

师马齐乔照弄会,

Shid mab qib qiaob zhaob nongb huis,

四下如船飘一只。

Sid xiab rub chuanx piaob yis zhis.

青春韩金多伶俐,

Qingb cengb hanb jings duob linb lis,
家藏万卷书常有。
Jias changb wanb jianx shud changb yous.

边唱古歌边作对，和讲歌唱要云诗。
师马齐乔走这里，四下如船飘一只。
青春韩金多伶俐，家藏万卷书常有。

2.
　　主子打发臣子闹，
　　Zhus zis das fab chengb zis niaob,
　　告岔韩金阿奶内。
　　Gaob cab haib jingb as nieb nieb.
　　斗抓冲久齐兰乔，
　　Dous zhuab chongb jius qis lanb qiaob,
　　阿起巴尼冲色乖。
　　As qib bas nis congb sed guanb.
　　抓产内否度打逃，
　　Zhuas chanb nieb wous dub das taob,
　　门对一竹自尼喂。
　　Menb dis yis zhub zis nib weis.
　　东方乙木梅苟照，
　　Dongb fangb yid mux meib gous zhaox,
　　南方丙火照水革。
　　Nanb fangs bingd huos zhaob shuid geib.
　　西方辛金腊照到，
　　Xis fangb xingb jings lab zhaob daos,
　　北方癸水装不得。
　　Baib fangb kuib shuid zhangb bub des.
　　古人浪萨难够召，
　　Gus renb langb seax nanb goub zhaob,
　　韩金浪共要内说。
　　Hais jingb langb gongb yaos nieb shuod.

萨头堂根久吉乔，
Seax toub tangb gengb jius jis qiaob,
列除扛最起叉也。
Lieb chub gangb zhuis qis cab yeb.

主子打发臣子到，单寻韩金他一人。
右手提个竹篮抱，左手拿伞笑盈盈。
京差问他话才报，门对一竹是我云。
东方乙木盛得到，南方丙火会燃焚。
西方辛金也盛到，北方癸水装不成。
古人的歌很巧妙，韩金故事妙得很。
唱书的歌多有报，要唱一些送你听。

3.

抱达金魁安八方，
Baos das jingb kuis ans bab fangs,
八卦定得人生死。
Bas guab dinb des renb shenb sid.
菩萨如味化身扬，
Pub seax rub weis fax shend yangb,
周末生下孔夫子。
Zhous mob shenb xiab kongx fus zis.
经书教会分三纲，
Jings shud jiaob huis fenb sanb gangb,
君父夫臣子气有。
Jinb fub hub chengb zis qib yous.
仁义礼智信五常，
Renb yis lib zhis xingb wus changb,
忠诚仁信先天优。
Zhongb chengb rens xinb xianx tians youx.
分到浪萨列高强，
Fens daob langb sex lieb gaos qiangx,
学堂能潮列打斗。
Xieb tangb nengb chaox lies das doub.

打杀金魁安八方，八卦定得人生死。
菩萨法术化身扬，周末生下孔夫子。
经书教会分三纲，君父夫臣子气有。
仁义礼智信五常，忠诚仁信先天忱。
分出这歌要高强，学堂吃饭米几斗。

4.
明德达道尼内吽，
Mingb des das daob nib nieb hongb,
国治齐家不如埋。
Guob zhix qis jiab bub rub manb.
齐名至善三纲领，
Qis mingb zhis shanb sanb gangb linx,
诚心诚意葡几然。
Chengb xins chengb yis pub jis ranb.
吉弄再斗大乔木，
Jis nongb zanb dous das qiaob mub,
五常仁义礼为本。
Wus changb rens yis lib weix dengb.
齐家治国平天下，
Qis jiab zhis guob pingb tianb xiab,
智信吉高聪明安。
Zhis xingb jis gaob congx mingb ans.
奶奶浪度到如今，
Nieb nieb langb dus daox rub jingb,
要内干挂苟头翻。
Yaob nieb gans guab gous toux fanb.

明德答到是人狠，国治家齐得安然。
齐名至善三纲领，诚心诚意才知全。
正直堪可斗乔木，五常仁义礼为本。
齐家治国平天下，智信还有聪明安。
人人依话到如今，少人把这古书翻。

5.

吉浪本头没数从，

Jis langb dengb toub meib shub congb,

嘎扛几立嘎几章。

Gas gangb jis lix gas jis zhangb.

朋友无信内几耸，

Pongb yous wus xingb nieb jis congb,

夫妇勿别不讨光。

Fus fus wub bieb bus taob guangb.

官人无义败君臣，

Guanb renb wus yib banb jingb chengb,

得水吉柔骂水想。

Des shuib jis roub mab shuid xiangb.

为人最要尽五能，

Weis renb zuib yaob jingb wus nengb,

洞剖卜度拿开讲。

Dongb bous pub dub nab kans jiangb.

古书里面有学问，不要阴阳来搞走。

朋友无信欠了情，夫妇分别家不忧。

官人无义败君臣，父慈子孝家发有。

为人最要尽五能，听我歌唱如云诗。

6.

出卡拢通剖阿嘎，

Chub kab longb tongx bous as gab,

牙苟将闹剖浪冬。

Yas goud jiangb laox bous langb dongb.

相蒙出汝阿起莎，

Xiangb mengs chus rus as qib seax,

本尼上枪最没能。

Dengb nib shangb qiangb zuis meib nengb.

十莲之内石莲花，

Shid lianb zhis nieb shid lianb huas,

石莲开放为哪种？

Shid lianb kais fangb weib nas zongb?

远月和尚腊见巴，

Yuanb yeb heb shangb las jianx bas,

长求几单闹庙蒙。

Changb qiub jis danb naob miaob mengb.

列苟元角浪萨阿炯怕，

Lieb gous yuanb jiaos langb seax as jongb pab,

几当嘎忙龙喂勇。

Jis dangb gas mangb longb weis yongb.

做客来到我们家，小姐嫁到我们村。
真的你是歌唱家，本是上等有才能。
十莲之内石莲花，石莲开放为哪情？
远月和尚也无法，回转不到他庙门。
把歌唱清原根话，不知不要和我云。

7.

出卡拢通剖号拢，

Chus kab longb tongb bous haob longb,

牙苟将闹剖浪足。

Yab gous jiangb naob bous langb zhus.

内蒙路旁有三种，

Nie mengb lub pangx yous sanb yangx,

种种种上种了竹。

Zhongx zhongx zhongx shangb zhongx les zhub.

才大学员出几兵，

Caib das xieb yuanb chub jis bingb,

坪上又加起身如。

Pingb shangb yous jias qis shengb rub.

考场尼总奶奶猛，

Kaos changb nix zongb nies nies mengb,

卜扛最养弄几布。

Pus gangb zuis yangb nongb jis bub.

苟扛学员打背工，

Gous gangb xieb yuanb das beib gongb,

吉嘎到比洽难夫。

Jis gab daos bib qiab nanb fus.

做客你们来此中，小女嫁到这一处。

问你路旁有三种，种种种上种了竹。

才大学员也不懂，坪上又加起身如。

考场是人都去攻，讲送你听话缘故。

让这学员想不通，挠头思想想不出。

8.

书上讲文亚雅车。

Shud shangb jiangx wenb yab yax sheb.

孔子三千徒弟众，

Kongb zis sanb qiangb tub dis zongb,

亚有落难当了业。

Yas youb luob nanb dangb les yex.

安头浪内蒙安共，

Ans toub langb nieb mengb ans gongb,

文学是书李岳洞，

Wenb xies shid shub lib yet dongb,

子曰子夏尼几奶。

Zis yes zis xiax nis jid nieb.

枉城蔡国要久总，

Wangb chengb kuib guob yaob jius zongb,

干干吉候孔门也。

Gans ganb jis houx kongt mend yes.

元远白业众公送，

Yuans yuanb baib yeb zongb gongb songb,

正是冉有你明白。

Zengb shid ruanb yous nid mingb baib.

送秋剖让内腊炯蒙龙，

Songb qius bous rangb nieb las jongb mengb longs，

将度堂抢扛蒙接。

Jiangb dus tangb gangb gangb mengx jies.

知书的人才学重，书上讲文代诗也。

孔子三千徒弟众，又有落难当了业。

文学是书李岳洞，子曰子夏有哪些。

枉城蔡国少人众，赶快来帮孔门也。

元远白业众公送，正是冉有你明白。

嫁女我村带你一起送，放话堂中你来接。

9.

凡间没久阿奶牙，

Fanb jianb meid jious as nieb yas，

斗炯四川窝豆苟。

Doub jongb sid changb aos dous goub.

想常云南会几加，

Xiangb changb yunb nanx huis jis jiax，

两边欧告没吾篓。

Liangb bians ous gaob meib wud lous.

害拔够你豆帮便，

Hais pab gous nib dous bangx bias，

害牙斗你豆图休。

Hais yab doub nis doub tub xius.

凡间有个小姐大，坐在四川路当头。

想回云南走不下，两边二面有水流。

害姐困在高山崖，害妹在这树下头。

10.

一字二字为了大，

Yis zis erd ziis weib led dab，

千字为字人字久。

Qians zis weib zis renb zis jious.

木字旁边出把腊，

Mub zis pangb bians chub bab las，

单意几炯出阿苟。

Dans yib jis jongb chub as goud.

没昂白长茶内卡，

Meis ghangt bais changb cab nieb kas，

巴葡龙内浪苟梅。

Bas pub longb nieb langb gous meib.

一字二字为了大，千字为字人字久。

木字旁边撑一下，联合集汇一齐走。

有时堂中相对话，搞坏名声丢了丑。

11.

几奶空捕安板喂几夫，

Jis nieb kongb pub ans banb weis jid fus，

哪个肯讲晓得我也硬是不信他。

Nax ges kenb jiangb xiaos des wos yeb yingd shid bub xingd tas.

世间书有千百卷，

Shid jind shub youd qianb bsib jianb，

读够告柔莎几久。

Dub goub gaob roub shab jis jiux.

阿柔西昂，

As roub xis angb，

伏席造书送人看，

Fub xis zhaob shud songb renb kans，

安洞苟追再斗拿。

Ans dongb goub zuis zanb dous nab.

唐乙夏商周秦汉，

Tangb yis xiax shangb zhous qingb hais，

三国卜报晋朝主。

Sanb guos pub baob jinx chaob zhus.

到了唐朝称五代，

Daos les tangb chaob chenb wus daib，

宋朝接位腊达夫。

Songb chaob jies weib lab das fut.

元朝去了明朝占，

Yuanb chaos qub les mingb chaob zanb

目下清朝达起久。

Mus xiab qingb chaos das qis jiud.

朝朝有书送人看，

Chaos chaob yous shub songb renb kans，

见见没头扛内读。

Jians jeans meib tous gangb nieb dus.

没几度浪，

Meis jis dub langb，

礼易春秋新书传，

Lis yib cengb qious xins shub chuanb，

二论三孟吉高初。

Ers lengb sanb mengb jis gaob chus.

单久民国的新书无数算，

Dans jioud mingb guod des xinb shud wus shux suanb，

画凸画录照阿图。

Huab aob huab lub zhaos as tub.

万类历书和纲盖，

Wanb lies lix shud heb gangb ganb，

格外再看多杂书。

Ges wanb zanb kans duos zhab shud.

书名总有千百万，

Shud mingb zongb yous qiangb bais want，

几奶空捕安半

Jis nieb kongb pub ans banb

告冲萨头莎无古。

Gaos congb seax toub shad wus gub.

几奶走单几奶奈，

Jis nieb zous danb jis nieb nanb,

几洽否浪才子拿几久。

Jis qiab wous langb caib zis nab jis jiut.

康熙浪告斗几个，

Kangb xit langb gaob dous jid geb,

没阿奶读单翰林院，

Meis as nieb dub danb hanb lingb yuanb,

王记苟阿奶，

Wangb jis goud as nieb,

翁众内否莎想古。

Wengd zongb nieb wous shab xiangb gub.

剖埋得兄内，

Bous manb des xiongb nieb,

读头自尼读阿全，

Dub toub zis nib dub as qianb,

林得内扛卡打有。

Lingb des nieb gangb kas das youx.

久同埋浪，

Jious tongb manb langb,

阿那吉标日日练，

As nab jis boud ris rid lianb,

克到麻冬苟扑补。

Kes daob mab dongx gous pub bud.

堂内冲了大元帅，

Tangb nieb chongb les das yuanb suaib,

中浓那林莎想苦。

Zhongb nongb nab longb shab xiangb kub.

输蒙浪萨头喂浪窝起心中快，

Shub mengb langb seax toub weis langb aos qib xinb zhongb kuaib,

阿全得得久背久。

As qiangb des des jioub bis jioud.

喂见弄千嘴雀儿一嘴败，

Weis jianb nongb qianb zuis qieb ers yis zuis bant，

拿儿求风蒙中书。

Nas jis qiub fengb mengb zhongb shud.

唱书的歌人人难知遍，哪个肯讲晓得我也硬是不信他。

世间书有千百卷，读了一世难读下。

古时候，伏羲造书送人看，后面有书一叭拉。

唐乙夏商周秦汉，三国讲到晋朝发。

到了唐朝称五代，宋朝接位它也大。

元朝去了明朝占，目下清朝才过耍。

朝朝有书送人看，完全有书摆成沓。

还有很多，礼易春秋新书传，二论三孟多有达。

到了民国的新书无数算，画花画鸟书多杂。

万类历书和纲盖，格外再看一坡叭。

书名总有千百万，哪个肯讲读遍这么多书也无法。

哪个碰到哪个难，不怕他的文才有多大。

康熙朝中有一个读书读到翰林院，皇上问他翁众是啥无法答。

我们苗家人读书没读一小半，能识地契已不差。

不如你们哥兄家中日日练，看到奥妙教你耍。

堂内充了大元帅，整我不通我无法。

输了你的歌言我的心中不愉快，一点不能乱吹打。

我好似千嘴雀儿一嘴败，工夫也被你打垮。

12.

孔子推车让小孩玩城歌

Kongb zis teis cheb rangb xiaob hais wanb chengb ges

几走出萨堂内卡，

Jis zous chub seax tangb nieb kad，

唱照角色汝萨友。

Changb zhaob jiaob seb rub seax youb.

能说会讲巴鸟然，

Nengb shuob huib jiangb bab niaox ras,

句句言辞带书诗。

Jus jus yuanb cis bais shix shub.

阿柔阿周家扎你都夯麻，

As roub as zhous jiad zhab nib dous hangb mas,

玉皇过路几通苟。

Yis huangb goud lux jis tongb goub.

立穷内苟见窝便，

Lis qiongb nieb gous jianb aos bias,

合像夯读挡孔某。

Heb xiangb hangb dux dangb kongb moud.

圣人弯车走一下，

Shengb renb wanb cheb zoub yis xiab,

拜寄孩童为了师。

Bans jib hanb tongb weib led shid.

古书浪头阿炯怕，

Gub shud langb toub as jongb pax,

够召打油浪中缪。

Goub zhaob das youb langb zhongb miaob.

和你唱歌我很怕，唱这歌言熟溜溜。
能说会讲嘴才大，句句言辞带书诗。
古时候周家扎营在山下，玉皇过路不通头。
立城当路成山崖，好像路途挡孔某。
圣人弯车走一下，拜了孩童为了师。
古书情节流传大，唱在牛的耳朵口。

第五章　祝贺及分别的歌

一、贺喜歌

1.

十贺十喜
Shid heb shid xib

今日转去单久昂，
Jingb ris zhuanb qib danb jius ghab,
欧内补乙你埋标。
Ous niet bub yis nib manb bous.
对剖招待无比江，
Dis boub zhaos danb wub bib jiangb,
亚扛昂能亚扛酒。
Yas gangb ghas nengb yas gangb jious.
能数服抽苟萨藏，
Nengb shud fub chous gous seax changb,
祝贺大炯扛度标。
Zhus heb das jiongt gangb dus boub.
一贺一喜传名筐，
Yis heb yis xib chuanb mingb kuangb,
一句传名天下知。
Yis jub chuanb mingb tianb xias zhis.
二贺二喜自然强，

Erb heb erb xis zis ras qiangb,

紫微高照新北斗。

Zis weib gaos zhaob xins bais doub.

三贺好比关云长，

Sand heb haos bib guanb yunb changb,

三人结义得长久。

Sanb renb jiet yis des changb jious.

四贺四喜四发扬，

Sid heb sib xie sid fab yangx,

四季发财拢单斗。

Sid jib fas caib longb dans doux.

五贺五喜状元郎，

Wub heb wus xib zhangb yuanb langb,

五子登科拢单标。

Wub zis denb kous longb danb bous.

六贺家内大吉昌，

Lius heb jias niet dab jib changb,

六畜兴旺家门有。

Lius chub xins wangb jias menb yous.

七贺七姐下凡阳，

Qis heb qib jiet xias fanb yangb,

七星高照星北斗。

Qis xingb gaos zhaob xinb bais doub.

八贺还有八仙堂，

Bas heb huans yous bas xianb tangb,

八仙漂闹家门口。

Bas xianb piaos naos jias menb kous.

九贺还有九成双，

Jious heb hans yous jioun chengb sangb,

九天玄女同来此。

Jious tianb xianb nvb tongb lais chis.

十贺还有十元良，

Shid heb hais youb shid yuanb langb,

十个元良出君子。

Shid geb yuanb langs chus jinb zis.

祝贺全家坐安康，

Zhus heb qianb jias zuos anb kangb,

寿比南八炯到头。

Soud bib nanb bas jiongb daob tous.

十贺十喜发得长，

Shid heb shid xis fab des changb,

人财两旺发得久。

Renb cais liangb wangb fas des jioub.

今日要转回家堂，住了三天又两日。
热情招待我面上，又送肉来又送酒。
肉饱酒醉把歌扬，祝贺主人唱一首。
一贺一喜传名广，一举传名天下知。
二贺二喜自然强，紫微高照新北斗。
三贺好比关云长，三人结义得长久。
四贺四喜四发扬，四季发财乐悠悠。
五贺五喜状元郎，五子登科状元子。
六贺家内大吉昌，六畜兴旺家门有。
七贺七姐下凡阳，七星高照家里头。
八贺还有八仙堂，八仙漂闹家门口。
九贺还有九成双，九天玄女同来此。
十贺还有十元良，十个元良出君子。
祝贺全家坐安康，寿比南山多福寿。
十贺十喜发得长，人财两旺发得久。

2.

红门大喜最林总，

Hongb menb dab xis zuis liongb zongs,

满门盈户炯几羊。

Manb menb yings fub jiongb jis yangt.

最没几都巴炯穷，

Zuis meib jis dub bas jiongb qiongb,

都是龙身虎驾麻冬钢。

Dous shid longs shenb fub jias mab dongx gangt.

亚没拔浪亚没浓，

Yas meibb pas langb yas meib nongx,

满满都是唱歌郎。

Manb manb dous shid changb guos liangx,

贺喜都标萨阿中，

Hes xis dub bous seax as zhongx,

几奶够汝几奶浪。

Jis niet gous rub jis niet langb.

单喂拢苟窝声朋，

Danb weid longb gous aos shongb pongb,

够扛都标幸福长。

Gous gangb dub bous xinb fub changb.

一贺都标强强令，

Is heb dub boud qiangb qiangb liogb,

一门老少平安康。

Yis menb laos shaox pin ans kangx.

二贺双喜龙佩凤，

Ers heb sangb xis longd peib fongb,

龙凤呈祥周几扛。

Longs fongb chengb xiangb zhpous jis gangt.

三贺三星堂屋炯，

Sanb heb sanb xinb tangb wub jiongb,

在户三星照吉祥。

Zaib fub sanb xinb zhaos jib xiangx.

四贺四官财源奉，

Sid heb sid guanb caib yuanb fongb,

四季发财如水涨。

Sid jub fab caib rub shuid zhangx.

五贺五子登门送，

Wub heb wus zis dengb menb songb,

五子登科状元郎。

Wis zis dengb kous zhangb yuanb liangs.

六贺首油几羊共，

Liub heb soub youb jis yangb gongx,

六畜兴旺发满场。

Lius chub xinb wanb fab manb changb.

七贺七星明文文，

Qib heb qib xins mingb wenb wenb,

七仙姊妹子孙养。

Qis xianb jiet meis zis sengb yangb.

八贺都标名声重，

Bas hebv dub boub mingb shengb zhongx,

八仙聚会在家堂。

Bas xianb jub huis zaib jias tangx.

九贺九品官员中，

Jious henb jioub pinb guanb yuans zhongx,

九品官位万年享。

Jious pinb guanb wcib wanb nianx xiangb.

十贺十全十美用，

Shid heb shid qiangb shdi meib yongd,

万贯家财令嘎养。

Wanb guanx jias caib liongb gas yangt.

十一十二苟吉龙，

Shid yib shid erb gous jib longb,

荣华富贵轮轮常。

Rongb huas fub guib lenb lenb changb.

喂够几告喂嘎弄，

Weib gous jib gaot weib gas nongb,

出令浪昂嘎弄帮。

Chus liongb langb ghab gas nongb bangb.

红门大喜在家中，满门盈户坐家堂。
齐了很多高师众，都是龙身虎驾都登钢。
男女都有高才用，满满都是唱歌郎。
贺喜主家唱歌送，各人面上各人讲。
到我又来唱一丛，唱贺东家幸福长。
一贺主家富贵重，一门老少平安康。
二贺双喜龙配凤，龙凤双双都呈祥。
三贺三星堂屋中，在户三星照吉祥。
四贺四官财源奉，四季发财如水涨。
五贺五子登门送，五子登科状元郎。
六贺牛羊满栏中，六畜兴旺发满场。
七贺七星明亮红，七仙姊妹子孙养。
八贺主人家声重，八仙聚会在家堂。
九贺九品官员中，九品官位万年享。
十贺十全十美用，万贯家财满满装。
十一十二来合从，荣华富贵轮轮长。
我唱这些都有用，富贵以后不能忘。

3.

能抽服数苟萨板，

Nengb chous fub shud goub seax bans,

祝贺度标汝打炯。

Zhus hes dub boub rub das jiongb.

一贺主东福字满，

Yis he zhus dongb fub zis manb,

二贺富贵满家中。

Erb hes fub guis manb jias zhongb.

三贺再富三贺三，

Sanb heb zais fub sanb heb sanb,

四季常青强强明。

Sid jib changb qingb qiangb qiangb mingb.

五贺五字登科尖，

Wub heb wus zis denb koub jeans,

五子登科乖麻林。

Wus zis denb kous guanb mas liongb.

六贺六畜兴旺大发展，

Lius heb lius chus xinb wangb das fas zhanb，

首爬首油几羊中。

Soud pas soub youb jis yangb zhangb.

七贺七星下凡间，

Qis heb qis xingb xiab fanb jians，

七姐闹夯拢出龙。

Qis jiet naos hangb longb chus longb.

八贺八仙飘闹海，

Bas heb bas xianb piaos naos hais，

八仙报标炯虫兵。

Bas xianb baos boub jiongb congb bingt.

九贺九郎诸侯渊，

Jious heb jioue liangb zhus hous yuanb，

九郎诸侯把你从。

Jious langb zhus hous bab nis congb.

十贺十轮万万千，

Shid heb shid lenb wanb wanb qianb，

长寿不老炯几冬。

Changb shoud bub laos jiongb jis dongx.

十一十二轮轮转，

Shid yis shid erb lenb lenb zhuanb，

子孙万代出英雄。

Zis sengb wanb daib chus yingb xiongb.

言度几没麻走斩，

Yuanb dub jis meib mas zous zaib，

祝贺度标好无穷。

Zhus heb dub bous haos wub qiongb.

福大福如东南海，

Fub das fub rub dongb nans hais，

炯气古老浪年虫。

Jiongb qib gus laos langb nianx congb.

肉饱酒醉把歌摆，祝贺东家歌一笼。
一贺主东福字满，二贺富贵满家中。
三贺再富三贺三，四季常青满山红。
五贺五字登科尖，五子登科状元公。
六贺六畜兴旺大发展，养猪满圈牛满棚。
七贺七星下凡间，七姐下凡配相公。
八贺八仙飘下海，八仙进到堂屋中。
九贺九郎诸侯渊，九郎诸侯把你从。
十贺十轮万万千，长寿不老坐凡尘。
十一十二轮轮转，子孙万代出英雄。
讲话不能有打偏，祝贺度标好无穷。
福大福如东南海，坐替古老的年中。

二、分别歌

1.

要求收工
Yaos qiub shoud gongx

萨忙交边单窝羊，
Seax mangb jiaos biand danx aos yamhx，
布宗够单昂通内。
Bus zongb gous danb ghas tongb niet.
录最录边昂出忙，
Lus zuis lub bians ghab chus mangb，
吉难猛岔列从特。
Jibs nanb mengb chas liet congb tous.
厨手拿标拿几娘，
Cus shoud nab boub nas jid niangx，
腊昂吉话弄几白。
Las ghas jib huas nongb jis baix.
龙牙商量苟萨将，
Longs yas sangb liangb gous seax jiangb，

年蒙同意被几没。

Nianb mengb tongb yis beib jis meix.

纵够几楼不像样，

Zongb gous jid lous bub xiangb yangb,

召告内谈剖欧奶。

Zhaos gaob niet tanb bous ous niet.

歌言交边到此放，唱完又到我来接。

和你一夜的歌唱，天夜直唱到发白。

雀儿枝头展喉爽，召唤去找小虫也。

厨手厨房人也忙，快刀板上把肉切。

和妹商量把歌放，你肯同意我心热。

久唱这歌不像样，旁边人也把白扯。

2.

感谢陪歌

Gans xieb peib guos

动萨浪总炯出纠，

Dongb seax langb zongb jiongb chus jiub,

动度浪内炯出乔。

Dongb dub langb niet jiongb chus qiaob.

江萨埋岔拢告剖，

Jiangb seax manb chas longb gaos bous,

江度陪剖炯几陶。

Jiangb dub peib bous jiongb jis taox.

陪剖阿忙拿弄楼，

Peib boub as mangb nas nongb lou,

布宗陪剖到通宵。

Bus zongb peid bous daox tongb xiaos.

吉汉西斗乖阿修，

Jib haib xis doub guanb as xious,

点秧葡娘打达高。

Dianb yangb pus niangb dab dab gaos.

棍乖吉交内楼楼，

Ghuenb guanb jib jiaos niet lous loub,

列抱阿内几腰腰。

Liet baos as niet jis yaob yaos.

埋列大席关否求，

Manb liet dab xib guans woub qiub,

嘎出阿挡窝起鸟。

Gas chub as dangb aos qix niaob.

从浓拿娘背苟柔，

Congb nongb nas niangb beib gous roub,

汝从几到窝玩召。

Rub congb jis daob aos wanb zhaob.

天官赐富把你娘，

Tianb guanb cis fub bas nid niangb,

各人面上都得好。

Ges renb mianb shangb doub des hoax.

告冬柔让炯猛够，

Gaos dongb roub rangb jiongb mengb gous,

同图明录吉吹高。

Tongb tus mingb lus jib cuis gaos.

听歌人众坐得久，听话的人真不少。
歌郎找来好歌师，歌师陪坐我们好。
坐陪一夜这么久，天黑陪坐到通宵。
灰尘烟火一身厚，灰尘许多好肥料。
瞌睡虫满不得休，要困一会才得好。
你们总要宽心受，不要想窄把心焦。
情义如同山高厚，好情千年都记到。
天官赐富把你醉，各人面上都得好。
你们添福又加寿，好似树木登山高。

3.

祝福大众
Zhus fub dab zongx

几扣阿腊麻陪萨，
Jis koud as las mab peib seax,
将忙洞萨尼培剖。
Jiangb mengb dongb seax nib peib bous.
扛剖乙除善乙昂，
Gangb bous yis chub shuanb yib ghab,
够扛度标楼吼吼。
Gous gangb dub bous lous houb houb.
浓从浓汝剖腊咱，
Nongb congb nongb rub bous las zhas,
从汝特久几冬豆。
Congb rub tes jioub jid dongb dout.
难为大众萨阿然，
Nanb weib dab zongb seax as rab,
言埋打逃照弄周。
Yuanb manb dab taox zhaos nongb zhout.
奶奶炯单就阿吧，
Niet niet jiongb dans jioub as bas,
炯气古老浪窝纠。
Jiongb qib gus laos langb aos jiut.
首汝得浪必汝嘎，
Soud rub des langb bib rub gas,
同缪窝昂发出丑。
Tongb mious aos des fab chus ciub.
荣华富贵几水茶，
Rongb huas fub guib jis shuid cab,
福如东海水长流。
Fus rub dongb hais shuid changb liub.

众人陪歌要感激，一夜听歌陪得久。
让我歌唱多有力，唱送主人乐悠悠。
又好情来又好义，好情记住我心头。
难为大众歌几句，奉承几句送你知。
个个坐到一百岁，坐过古老年纪久。
又好儿郎又好女，如同鱼虾海中游。
又荣华来又富贵，福如东海水长流。

4.

祝对方歌手
Zhus duis fangb guob shoub

萨忙够扛萨巴江，
Seax mangb gous gangb seax bas jiangb,
够扛师父巴江萨。
Gous gangb shid fub bas jiangb seax.
陪剖够萨明阿忙，
Peib bous goud seax mingb as mangx,
从拿背苟告绒打。
Congb nas beib gous gaos rongb dasb.
同绒瓦内吉他将，
Tongb rongb was niet jib tas jiangx,
同得帮便列几怕。
Tongb des bangb bias liet jis pat.
几怕秀蒙难几娘，
Jis pas xious mengb nans jid niangt,
修录牙林蒙汝萨。
Xious lub yas liongx mengb rub seax.
鸟善好比水波浪，
Niaos shang haos bib shuid bos langx,
苟追昂几到常咱。
Gous zuis ghab jis daob chang zhas.

歌言唱送大歌师，唱送歌师大高才。
陪唱一夜这么久，情大好比大高山。
天上彩虹绕云头，好似蜂蛹要分开。
分开挂念我心忧，爱上你的好歌言。
心中难放这情由，以后几时得相见。

5.

赞对方
Zais duis fangb

前人留有一句话，
Qianb renb lius youd yib jub huas,
同君一夜三年书。
Tongb jingb yib yeb sanb nianb shud.
剖奶够萨阿瓦挂，
Peib niet gous seax as wab guab,
布宗够单昂内图。
Bus zongb gous danb ghas niet tub.
夫蒙够萨尼偶惹，
Fus meng gous seax nib ous rout,
忙弄偶到阿充久。
Mangb nongb ous daob as congb jius.
几没阿产偶阿吧，
Jis meib as canb ous as bas,
几没阿吧偶阿谷。
Jis meib as bab ous as guox.
没昂喂猛堂内卡，
Meib ghas weib mengb tangb niet kas,
汝闹堂根苟萨出。
Rub naos tangb genb gous seax chub.
扛内汝苟喂吉夸，
Gangb niet rub gous weib jis kuas,
卜录到拔汝师父。

Pus lub daob pas rub shid fux.

蒙浪浓纵几单窝，

Mangb langb nongb zongb jis danb aos，

见到够柔几到久。

Jianb daob gous roub jis daob jiux.

前人留有一句话，同君一夜三年书。

我们歌唱情由大，天黑唱到太阳出。

和你唱歌是学法，现在学得了许多。

一千不了一百加，没有一百学也苦。

有时我去客堂家，好去堂更把歌出。

好人别人把我夸，讲我得好妹师父。

你的情义我记下，记在心中热乎乎。

6.

留恋对方

Lius lianb duis fangb

拆台萨忙喂纵秀，

Chans taib seax mangb weib zongb xious，

秀录牙林汝萨板。

Xious lub yas liongb rub seax bans.

秀牙够萨楼腊楼，

Xious yab gous seax lous las loub，

比求录滚秀背免。

Bis qiub lus guenb xious beib mian.

同声秀格麻冬油，

Tongb shongb xious geb mas dongb yout，

同缪秀汝腊吾斩。

Tongb mious xious rub las wub zanb.

同棍秀白纵吉留，

Tongb ghenb xious bais zongb jib lius，

窝卡昂几片拢单。

Aos kab ghangb jis pianb longb dans.

常猛秀拔浪告求，

Changb mengb xious pab langb gaos qiux，

苟追难走内浪兰。

Gous zuis nanb zous niet langb lanb.

拆台歌唱心难熬，留恋小妹好歌词。
留恋好歌好音调，好似黄雀恋柿子。
虾子它把海水靠，鲤鱼留意海水游。
鬼神想粑吃不到，连那气味都没有。
回转恋歌本难熬，以后难逢你歌师。

7.

要搬屋学歌
Yaos bans wub xieb guos

秀蒙浪度几鸟善，

Xious mengb langb dub jis niaos shuanb，

达尼阿八空洞喂。

Dab nib as bab kongb dongb weix.

动喂达吾苟标搬，

Dongb weib dab wut gous boub bans，

搬标龙拔炯阿者。

Bans boud longs pas jiongb as zheb.

嘎从忙叫到咱埋，

Gas congb manb jiaos daob zhas manb，

汝龙牙林学萨也。

Rub longb yas liongb xiet seax yeb.

苟追汝猛萨堂产，

Gous zuis rub mengb seax tangb chanb，

到葡尼拔蒙浪会。

Daob pub nib pas mengb langb huis.

爱你的话心里难，爱你的歌心头波。
回到家中去安排，若是阿爸肯听我。
听我马上把家搬，搬家和你一起坐。
早早夜夜学歌言，好与小妹来学歌。

8.

秀蒙浪萨儿通抓，

Xious mengb langb seax jis tongb zhas,

秀牙浪萨儿通闹。

Xious yab langb seax jis tongb naob.

常猛窝求腊久甲，

Changb mengb aos qiub las jius jiax,

尼甲阿久萨棍草。

Nis jias as jiub seax ghuenb caos.

纵没阿冬炯儿良，

Zongb meib as dongb jiongb jis liangx,

见弄忙得纵秀崩。

Jianb nongb mangb des zongb xious bengb.

儿怕如同绒他那，

Jis pab rub tongb rongb tas nas,

苟追难走拔好脑。

Gous zuis nans zous pas haob nnaos.

千言万语一句话，

Qianb yuanx wanb yus yis jub huas,

秀录那林浪萨考。

Xious lub nas liongb langb seax kaos.

萨忙交边照弄哈，

Seax mangb jiaos bianb zhaos nongb has,

当拔牙要弄几保。

Dangb pas yas yaob nongb jis baob.

恋你的歌放不下，恋妹的歌不脱脚。
回去什么也不拿，只是拿得愁心多。
总有一时心里挂，好似蜜蜂恋花朵。
分别如同刀割下，以后难逢害了我。
千言万语一句话，深深留恋你的歌。
歌言交边心恋大，等妹的话安心窝。

9.

明当长孟几拔如，

Mingb dangb changb mengb jid pas rub,

苟最综秀几蒙浪。

Gous zuis zongb xious jib mengb langb.

长猛剖标坐不住，

Changb mengb bous boud zuos bub zhub,

纵秀那林汝萨忙。

Zongb xious nab liongb rub seax mangb.

隔山隔水远隔路，

Gous shuanb goub shuid yuanb geb lub,

弟绒弟便弟洞夯。

Dis rongb dib bias dib dongb hangb.

出录用猛弄召度，

Chus lub yongb mengb nongb zhaos dub,

东泥苟最喂叉长。

Dongb nib gous zuis weib cab changb.

排山禾岭远给路，

Pais shuanb yaos liongb yuanb geib lus,

开条大路好来往。

Kais tiaob dab lub haos laib wangb.

江太列孟埋浪无，

Jiangb tais liet mengb manb langb wux,

琼花豆汝崩窝江。

Qiongb huas doub rub bongb aos jiangx.

酷蒙酷喂席腊汝，

Kus mengb keb weib xis las rub,

苟最古孟牙酷长。
Gous zuis gub mengb yas kus changb.

天明回家分别述，把哥留恋在心上。
回到家中坐不住，留恋歌师好歌郎。
隔山隔水远隔路，山川峡谷隔深夯。
做个鸟儿飞云雾，要飞来和你歌唱。
排山腰岭远给路，开条大路好来往。
我好常来到你屋，琼花开放喜心肠。
走你走我有好处，肚中有话好来讲。

10.

莎且萨袍召虫标，
Shas qieb seax paos zhaob chongb bous,
阿逃列捕度难为。
As taob liet pub dub nanb weib.
旁边内难胡椒口，
Pangb bianb niet nanb fub jiaos kous,
唱歌要费好精力。
Changb guos yaob feib haos jingb lib.
吉共千斤重担子，
Jib gongb qianb jinb zhongb danb zis,
何必紧唱累口皮。
Heb bis jinb changb lieb kous pib.
讲话歌言都要收，
Jiangb huas guob yuanb dous yaob shoub,
苟萨苟度休儿齐。
Gous seax gous dub xius jib qib.
窝昂分别列周斗，
Aos ghangb fengb bieb liet zhous doub,
休豆嘎从几怕乙。
Xius doub gas congb jis pab yib.
良内拆散瓦岗标，

Liangb niet chans sanb wab gangb bous,
三十六位分了离。
Sanb shid liub weib fen bleb lib.
汝从几见忙弄周，
Rub congb jis jianb mangb nongb zhous,
腊列吉他将分乙。
Las liet jib tas jiangb fenb yis.

商量现在把歌收，一句要讲话难为。
旁边人称胡椒口，唱歌要费好精力。
抬这千斤重担子，哥哥挑来我是背。
唱累精神都没有，何必紧唱累口皮。
讲话歌言都要收，把歌把话都收起。
到了分别要分手，辞别两下分开你。
好似拆散瓦岗头，三十六位分了离。
好情记住千年有，总要分开各东西。

11.
萨袍拆台将保召，
Seax paob canb tais jiangb baos zhaos,
苦心阿忙本几通。
Kus xinb as mangb bengb jis tongb.
几够阿忙没窝巧，
Jis gous as mengb meib aos qiaob,
歌唱对我很充容。
Guos changb duis wob henb congb rongb.
觉悟思想提高好，
Jieb wub sib xiangb tis gaob haos,
几扛书喂照堂根。
Jis gangb shub weib zhaos tangb genb.
情大如山我记倒，
Qingb das rub shanb wob jis daob,
陪剖够明喂领情。

Peib bous goud mingb weib linb qings.
休豆儿怕秀萨考,
Xius dout jid pas xious seax kaos,
明当嘎从列拆营。
Mingb dangb gas congb liet cais yind.
桃花吉良唐金宝,
Taos huas jib liangb tangb jingb baos,
留全秀欧内内容。
Lius qianb xious oud niet niet rongb.

歌唱拆台放丢跑,苦心一夜也不通。
歌唱一夜也有巧,歌唱对我很从容。
觉悟思想提高好,不让输我在堂更。
情大如山我记到,陪我唱亮我领情。
分手动脚恋歌好,发白天亮要拆营。
桃花留恋唐金宝,刘全恋妻金瓜同。

12.

难为那要蒙陪喂,
Nans weib nas yaox mengb peib weib,
谈唱到了五更天。
Tais changb daob leb wub genb tians.
明当内通背苟舍,
Mingb dangb niet tongb beis goud sout,
那猛抓闹背苟山。
Nas mengb zhas naos beib gous shanb.
萨袍拆台将几得,
Seax paos caib tais jiangb jis deb,
豆萨将浓列嘎玩。
Dout seax jiangb nongb liet gas wangb.
够汝儿没喂浪会,
Gous rub jis meib weib langx huis,
养到得想内内排。

Yangb daos des xiangb niet niet pais.

常挂尼内浪计内，

Changb guas nib niet langb jis niet，

同图几把没内转。

Tongb tus jid bas meib niet zhuanb.

四良西虐几怕内，

Sid liangb xib niet jis pas nieb，

堂卡嘎想常陪埋。

Tangb kas gas xiangb changb peib lis.

董永麻龙七仙姐，

Dongb yongb mas longd qib xianb jiet，

排牙苟出公能善。

Pais yab gous chus gongb nengb shanb.

修豆怕埋浪萨也，

Xious dout pas manb langb seax yed，

几怕难到常咱埋。

Jis pas nans daob changb zhas manb.

难为兄弟你陪我，谈唱到了五更天。
光线照通亮许多，月亮走下背后山。
歌唱拆台在此阁，有歌不要再唱谈。
唱好唱丑又如何，多得想处在心间。
分开是人的哥哥，好似草标有人占。
四郎古时他分别，歌堂莫想你陪来。
董永留恋七仙姐，留恋空想割心肝。
两下分别我心野，今后难得两相见。

13.

龙浓几够吉相先，

Longb nongb jis goud jib xiangb xianb，

明当嘎从内通绒。

Mingb dangb gas congb niet tongb rongb.

排蒙排喂为了难，

Pais mengb pais weib weib led nans，

周斗萨袍列几分。

Zhous doub seax paos liet jis fwengb.

昭君西虐猛和反，

Zhaos jinb xis niue mengb heb fans，

反王秀牙保斗容。

Fans wangb xious yas baos doub rongd.

纪念心中埋几安，

Jis nianb xins zhongb manb jis ant，

抓胡传书无师兄。

Zhas hub chuanb shud wub shid xiongb.

一去河北不回转，

Yis qib houb bais bus huid zhuanb，

难到常出萨堂中。

Nanb daos changb chus seax tangb zhongb.

白害几剖心不满，

Bais hais jid boub xinb bus manb，

召斗萨袍出几通。

Zhaos doub seax paos chub jis tongb.

见弄英台麻龙最梁山，

Jeans nongb yins tuanb mas longx zuis liangb shuanb，

麻龙小姐拔祝云。

Mas longd xiaos jied pas zhus yunb.

同学分散那一天，

Tongb xieb fenb sanb nas yib tianb，

好比代戏放丁风。

Haos bib daix xib fangb dinb fongx.

吉除分别同吾派，

Jis chub fenb bieb tongb wut panx，

你走南去我转东。

Nis zous nanb qib wod zhuanb dongb.

和哥谈唱心未满，天亮清早见光明。

盘你盘我为了难，放手歌唱两边分。
昭君古代去和蕃，蕃王留恋热了心。
纪念心中你不管，抓狐传书误师门。
一去河北不回转，难得歌唱在堂厅。
白害我的心不满，放手歌唱不通行。
好似英台留意哥山伯，得病因为妹祝云。
同学分散那一天，好比代戏放风筝。
歌唱分别割心肝，你走南去我转程。

14.

想文龙兰格心住，
Xiangb wenb longb lans geb xinb zhus,
几怕是足害喂加。
Jis pas shid zhus hais weib jiax.
排蒙思想坐不住，
Pais mengb sid xiangb zuos bub zhus,
造乱心中楼牙牙。
Zhaos lanb xins zhongb lousy yas yas.
害喂斗你内浪无，
Hais weib dous nib niet langb wux,
难到内内扛喂咱。
Nans daob niet niet gangb weib zhas.
你标松慌寿闹处，
Nis boud songb huangb soub naos chub,
求送绒善猛几瓦。
Qius songb rongb shanb mengb jis wax.
将梅吉斗闹埋无，
Jiangb meib jis doub naos manb wux,
溶白吾梅同达砂。
Rongb baos wub meib tongb dab shax.
苟怂干你弄召度，
Gous chongb gans nib nongb zhaos dub,
计片不闹埋阿嘎。

Jis pianb bub naos manb as gax.

安蒙浪加被浪汝，

Ans mengb langb jias beib langb rub,

出牙排蒙蒙久咱。

Chus yab pais mengb mengb jious zhas.

想我和你心一处，分开十足害我忧。

恋你思想坐不住，造乱心中恋打抖。

害我坐在他家屋，难得看见你影子。

在家心慌把门出，上坡上岭到山头。

抬眼专门望你处，泪水流下把衣湿。

把信寄在天云雾，风吹递到你的手。

不知你心悟不悟，小妹恋你你不知。

15.

明松嘎从见阿气，

Mingb songb gas congb jeans as qib,

明当嘎从苟内通。

Mingb dangb gas ccongb gous niet tongb.

各人回转归各位，

Geb renb huis zhuanb guis geb wuib,

同相得候列几分。

Tongb xiangb des houd liet jis fenb.

见弄云长张飞和刘备，

Jianb nongb yuns changb zhangb feib heb lius beib,

告怕吉追赵子龙。

Gaos pas jib zuis zhaob zis longb.

兴元吉他梅良玉，

Xins yuanb jib tas meib liangx yus,

撒开苟照虫台弄。

Ches kais goub zhaob chongb tais nongb.

当元三姐归天去，

Dangb yuanb sanb jiet guis tianb qix,

几离麻照几冬拢。

Jis lib mas zhaob jis dongb longb.

四姐归屋列扛崔文睡，

Sid jiet guib wub liet gangb chuis wenb shuib,

长猛大闹你东京。

Changb mengb dab naos nib dongb jingx.

桥先弓六十分睡，

Qiaos xiaob gongb lius shid fenb shuib,

阿谷补就弓叉冬。

As gub bub jius gongb cas dongb.

赵京踩桥跳波内，

Zhaos jingb cais qiaos tiaob bob niet,

吉害韩主久钱浓。

Jib hais hanb zhus jind qianb nongb.

喂弄拢怕蒙尼几尼，

Weib nongb longb pa smengb nib jis nix,

喂排吉良蒙排拢。

Weib pais jib liangb mengb pais longb.

东方发白了一会，天亮清早见光明。
各人回转归各位，同箱豆腐要块分。
好似云长张飞和刘备，分别以后子龙跟。
新元分开梅良玉，拆开就在城台村。
当元三姐归天去，留恋思想在凡尘。
四姐归屋要送崔文睡，回去大闹在东京。
九十几弓洛阳记，一十三年弓才成。
赵京踩桥跳波内，陷害韩主了钱银。
如此分别我心苦，我恋你烂我的心。

16.

走蒙汝萨几夫红，

Zous mengb rub seax jis fub hongb,

抖苟出扛喂拢松。

Doub gous chus gangb weib longb songb.

话长夜短便内明，

Huas changb yeb duanb bias niet mingb,

考岁达吾单内从。

Kaos suib dab wut danb niet congb.

嘎从明松见苟见，

Gas congb mingb songb jianb gous jianb,

斗萨斗度腊嘎容。

Dous seax doub dub las sgas rongb.

见弄得拔七姐几怕浓，

Jianb nongb des pas qib jieb jis pab nongx,

卜半达起两离分。

Pus bans dab qix liangb lis fenb.

剖汉弄见弄麻雀想拢陪埋凤凰，

Bous hais nongb jianx nongb mas qieb xiangb longb peib manb fengb huangb yongx,

必求忙得到糖能。

Bis qius mangb des daox tangb nengb.

谈今讲古乐一阵，

Tais jingb jiangb gus lex yis zhenb,

见浓浪从纵几弄。

Jian nongb langb congb zhongs jis nongb.

见弄西虐刘全秀欧抱留从，

Jeans nongb xis niut lius qianb xious ous baob lius congd,

白得吾梅同穷炯。

Bais des wub meib tongb qiongb jiongx.

几夫比萨扛蒙洞，

Jis fub bis seax gangb mengb dongb,

安蒙水想同牙比几同。

Ans mengb shuid xiangb tongb yas jid tongx.

碰你好歌我动心，歌言钩住我肝肠。

话长夜短天又明，可惜一下天就亮。

清早时节我生恨，心中有话不能讲。

好似仙女七姐的情分，讲话两边不分张。

我也好似麻雀想来陪你凤凰云，好似蜜蜂得红糖。

谈今讲古乐一阵，记你情义烂心肠。

好似从前刘全恋妻困守坟，眼泪滚滚如水涨。

留恋比歌送你听，不知你的心内如何想。

17.

几够挂约阿郎忙，

Jis goud guab yos as liangb mangx,

列明几斗拿几楼。

Liet mingb jis doub nas jis loux.

几兵哭标苟内当，

Jis bingb kux bous goud niet dangx,

明当单内通哭标。

Mingb dangb danx niet tongb kus boux.

早见白当列将抗，

Zhaos jianb baos dangh liet jiangb kenb,

求图冬便列闹苟。

Qius tub dongb bias liet naos goub.

同缪列抢出阿王，

Tongb mious liet qiangx chus as wangx,

齐到列齐常嘎标。

Qis daob liet qib changb gas boub.

岁喂将蒙喂久将，

Suid weib jiangb mengb weib jius jiangx,

同闹列抱出阿苟。

Tongb naos liet baos chus as goub.

口里不讲心中妨，

Kous lib bub jiangx xingb zhongb fangbs,

蛇怕雄黄人怕死。

Sheb pas xiongb huangb renb pas sid.

歌唱过了半夜上，天亮没有隔好久。
打开窗户见阳光，光线照通在窗口。
打成粑粑封要放，上树已经登了头。
如鱼要穿做一当，这样才好提在手。
喊我放你我不放，似铁同钢合永久。
口里不讲心中妨，蛇怕雄黄人怕死。

18.

几白萨忙腊纵秀，
Jis baib seax mangb las zongb xioub,
秀浓那林汝萨班。
Xious nongb nas liongb rub seax bans.
秀蒙够萨楼腊楼，
Xious mengb gous seax lous lab loub,
必求录滚秀背免。
Bis qius lub guenb xious beib mianx.
同声秀干麻冬油，
Tongb shongb xious ganb mas dongb yout,
同缪秀汝腊吾斩。
Tongb mious xious rub las wut zais.
同棍秀白炯吉留，
Tongb ghengb xious bais jiongb jib liux,
窝卡昂几片拢单。
Aos kas ghangb jis pianb longb dans.
几怕秀埋浪窝求，
Jis pab xious manb langb aos qiub,
难到常走内浪兰。
Nab daob changb zous niet langb lanb.

分开歌台心中恋，留恋哥哥好词言。
爱你唱歌很厉害，好似黄雀恋柿软。
如虾留恋深水海，似鱼留恋清水潭。
如神想吃糯粑面，气味不吹到身边。

分别把你来留恋，以后难得你回转。

19.

几怕长猛尼蒙汝，

Jis pas changb mengb nib mengb rub,

斗写纵秀阿干兰。

Dous xieb zongb xious as ganb lanb.

排蒙思想坐不住，

Pais mengb sid xiangb zuos bub zhub,

造烂心肠蒙几安。

Zhaos lanb xinb changb mengb jis anb.

隔山隔水远隔路，

Ges shuanb ges shuid yuanb geb lus,

弟绒弟便弟冬干。

Dis ttrongb dis bias dib dongb gansb.

朋出得录用猛弄召度，

Pongb chus des lub yongb mengb nongb zhaos dux,

洞浓够夯喂楼善。

Dongb nongb gous congb weib lous shuanb.

排山腰岭远隔路，

Pais shuanb yaos lliongx yuanb ges lub,

开条大路好往来。

Kais tiaos dab lub haos wangb laix.

酷蒙酷喂几个汝，

Kus mengb kus weib jis geb rub,

苟追酷蒙亚酷兰。

Gous zuis kub mengb yas kub lanb.

分别回转你不顾，我心留恋你高才。
想你思想坐不住，造烂心肠你不管。
隔山隔水远隔路，隔坡隔岭隔得远。
我要做那小鸟飞上天云雾，听你歌唱我喜欢。
盘山腰岭开条路，开条大路好往来。

你来我往有好处，以后免想烂心肝。

20.

几走吉咱同片记，

Jis zhous jib zhas tongb pianb jis，

同得记用窝加舍。

Tongb des jib yongb aos jianb shoux.

尼没他弄走阿气，

Nis meib tas nongb zhous as qib，

苟追难走内几内。

Gous zuis nanb zous niet jis niet.

五月二十龙相会，

Wus yueb erb shid longd xiangb huis，

阿就难长走阿内。

As jiub nanb zhangb zous as niet.

秀蒙腊苟同笔睡，

Xious mengb las goub tongb bis shuid，

画浓图形召弄克。

Huas nongb tus xingb zhaos nongb jeb.

吉良阿内克阿气，

Jib liangb as niet kes as qib，

反头吉弄走几没。

Fans tous jib npongb zhous jid meix.

相逢时间如风吹，好似风吹山头草。
只有今晚见一会，以后难逢难遇了。
五月二十龙相会，一年难转逢一道。
留恋用笔写得细，画哥图形我看到。
想了一天看一会，翻书见画形象好。

21.

松方浪昂亚拢岔，

Songb huangb lnagd ghax yax longb cas，

几离浪昂亚拢单。

Jis lib langb ghas yas longb dans.

元兄变出巴谷嘎，

Yuanb xiongb bianb chus bas gub gas,

见公寿岔阿干兰。

Jianb gongb soud cab as gans lanx.

咱拔元兄列嘎洽，

Zhas pas yuanb xiongb liet gas qiab,

咱标嘎共窝柔矮。

Zhas bous gas gongb aos roub ans.

靠蒙候叟嘎扛达，

Kaos mengb hous soud gas gangb dab,

几龙锐列扛吾斩。

Jis longd ruib liet gangb wub zanb.

心慌之时我传话，挂念之时又到边。

原形变成蜘蛛大，变虫来找哥哥来。

见妹原形你莫怕，见了请莫打岩块。

靠你帮养送长大，不吃饭菜送水源。

第六章　堂屋跳鼓的歌

一、椎牛拦门主人唱的歌

1.

高来巴秋洞喂岔，

Gaos lais bas qiub dongb weib cas，

阿拿巴秋洞喂朴。

As nab bas qiux dongb weib pub.

酒昂板见达沙沙，

Jius ghangx bans jeans dab shas shas，

摆照号陇勾刚竹。

Bans zhaob haob lol gous gangb zus.

陇单豆竹列洞莎，

Longb danb dout zus liet dongb shax，

洞莎洞度嘎几留。

Dongb shax dongb dub gas jid liux.

舅表亲戚听我唱，一帮客众听我言。

酒肉摆在礼盘上，摆在这里把门拦。

来到门边要歌唱，我我的话对歌来。

2.

高炯陇送自当则，

Gaos jiongb longb songb zis dangb zes，

吉上当则剖告来。

Jib shangb dangb zes boub gaos lanb.

扑度号陇周热热，

Pus dub haob lpngb zhous reb reb，

阿全几没麻走斩。

As qianb jis meib mas zous zans.

他陇埋单莎回力，

Tas longb manb danb shas huib lix，

勾会够够叉陇单。

Gous huib goub goub chas longb danb.

舅爷来到就迎接，赶快迎接老表先。

讲话这里笑眯眯，一点不能来走偏。

今日你到费了力，路远天长到此间。

3.

阿高巴秋埋陇忙，

As gaob bas qiub manb longb mangx，

忙叫全全叉单标。

Mangb jiaos qianb qianb cab danb bous.

林豆当埋当几娘，

Liongb doub dangb manb dangx jis niangb，

林借当埋勾窝酒。

Liongb jieb dangb manb gous aos jioux.

陇单勾固炮头将，

Longb danb gous gub paos toub jiangb，

吉豆炮头几吼豆。

Jib doux paos toub jid houb doub.

理松共陇莎见况，

Lis songb gongb longb shax jianb kuangb，

相蒙共汝几良偷。

Xiangb mengb gongb rub jis liangb tous.

舅爷老表迟迟到，迟迟才来到家里。

林豆等你很久了，林借等你劝酒水。
一来到边放喜炮，喜炮震到天云里。
礼物抬来一大套，喜贺抬来多厚礼。

4.

陇单号陇自接虫，
Longb dans haos longb zis jiet congd,
理松共汝尼麻浓。
Lis songb gongb rub nix mas nongt.
他陇埋陇回力吽，
Tas longb manb longb huis lib hongs,
勾会挂高挂告绒。
Gous huib guas gaos guas gaob rongb.
共虫回力莎单弄，
Gongb chongb huis lib shax danb nongb,
得欧告叫莎勾通。
Des oub gaos jiaob shax goub tongb.
他陇剖标最林纵，
Tas longb bous boux zuis liongb zongb,
出莎大逃吉口蒙。
Chus shax dab taob jib kous mengb.

一来到边就接担，礼物抬重是真的。
你们费力来见面，挑担爬山又过水。
挑担着力出了汗，一身大汗湿了衣。
今天多人不方便，歌唱几句感谢你。

5.

龙尼包单埋阿告，
Longb nix baos danb manb as gaox,
阿勾扛闹埋浪冬。
As goud gangb naos manb langb dongt.
高来会力他几到，

Gaos lais huib lib tas jid daox,

理松共汝没阿充。

Lis songb gongb rub meib as congb.

就巧白浪谷巧潮,

Jius qiaos bais langb gus qiaos chaos,

再斗钱当出理松。

Zais dous qianb dangx chus lis songb.

炮头窝陇莎吉桥,

Paos toub aos longb shax jib qiaos,

吉吼豆汝求打绒。

Jib hous doub rub qiub dab rongb.

林豆浪久周先闹,

Liongb dout langb jius zhous xianb naob,

林借吉研埋告炯。

Liongb jieb jib yuanb manb gaos jiongb.

椎牛才把你们报,一腿送到你们边。

舅爷老表费力到,又送粑粑又抬钱。

九担粑来十担米,再有银钱做礼彩。

你们到来放喜炮,震动地坪到天边。

林豆听了赐福报,林借欢喜舅爷来。

二、拦门客人唱的歌

1.

娘尼扛剖阿齐抓,

Niangb nid gangb bous as qib zhas,

剖陇出卡埋朗得。

Bous longb chus kax manb langd des.

巴秋浪标埋龙爬,

Bas qiub langb bous manb longb pab,

兰汝浪标埋龙尼。

Lans rub langb bous manb longb nid.

炯那炯勾闹埋昂，

Jiongb nas jiongb goud naos manb ghangx,

几叟吉研周热热。

Jis soub jib yians zhous reib reib.

陇通埋标要见嘎，

Longb tongd manb boux yaos jeans guad,

埋松共要洽咱奶。

Manb songb gongb yaos qiax zas niet.

陇单板竹自当他，

Longb dans bans zhus zis dangb tas,

几扛闹标格闹热。

Jis gangb naos boud geb naos ret.

干干陇埋朴好话，

Gans ganb longb manb bub haos huax,

会讲好话人有德。

Huis jiangb haos huab renb yous deb.

夫埋吉柔龙埋莎，

Fub manb jis roub longb manb shad,

出写阿烫列嘎则。

Chus xieb as tangb liet gas zeb.

椎牛一腿送我家，我们才到你这里。

椎牛家中好事大，好亲家内把牛椎。

我们闻听报客话，欢天喜地笑眯眯。

抬少礼物心里怕，怕见众客怕见你。

来到门口你挡下，不准进到堂屋里。

悄悄和你讲好话，讲尽好话把礼陪。

和你讨求饶一下，宽大容情要靠你。

2.

陇通埋让出奶卡，

Longb tongd manb rangx chus niet kas,

陇送埋冬陇服西。

Longb songb manb dongb longx fub xis.

要久理松加乙达，

Yaos jiud lis songb jias yib das,

共加共要勾奶最。

Gongb jias gongb yaos goub niet zuis.

埋纵出起列卡大，

Manb zongb chus qib liet kas dab,

出写阿烫儿筐起。

Chus xieb as tangb jis kuangb qit.

他陇龙尼亚龙爬，

Tas longb longd nix yas longd pas,

周先麻汝勾从毕。

Zhous xianb mas rub gous congb bis.

做客来到你们村，来到你家来贺喜。

礼物少了怕见人，抬少礼物怕见你。

今天求你要容情，容情宽大这一回。

椎牛吃猪敬祖神，保佑兴旺把情陪。

3.

服西剖陇埋冬送，

Fub xis boud longb manb dongx songb,

共要理松洽咱兰。

Gongb yaos lis songb qiab zas lanb.

度标当则现回吽，

Dub bous dangb zes xianb huis hongs,

补这酒江豆竹太。

Bus zhes jiub jiangb dout zhus tais.

他陇几吼同松朋，

Tas longb jis houd tongb songb pongx，

告牛几叟亚吉研。

Gaos niub jid soub yas jin yanx.

他陇挂哟埋自林，

Tas longb guas yob manb zis liongb，

林哟埋浪奶骂亚单埋。

Liongb yos manb langb mas mab yas danb manb.

拿纵几他林中中，

Nas zongb jis tab liongb zhongb zhongb，

汝见汝卡汝冬千。

Rus jianb rub kas rub dongs qianb.

纵尼告喂浪卡弄，

Zongb nib gaos weib langb kas nongb，

阿钱几没麻走斩。

As qianb jis meib mas zous zais.

贺喜来到你们地，抬少礼物怕相迎。

迎接费心又费力，酒肉摆在大中门。

今天场面真热烈，欢喜热闹齐亲人。

今天过了就富裕，富了你们上辈到儿孙。

这样接连富下去，好财好喜好前程。

肯定对我的言语，光明前途大亨通。

4.

剖陇出卡埋浪得，

Bous longb chus kas manb langx des，

空空会送通埋标。

Kongb kongb huis songb tongb manb bous.

陇单半转自当则，

Liongb danb bans zhuans zis dangb zeb，

几北太照打虫勾。

Jis beib tais zhaos dab congb gous.

闪蒙昂茂莎板没，

Suanb mengb ghas maos shas bans meib,

吉弄再没补这酒。

Jis nongb zais meib bus zheb jius.

埋出浪洋本可月,

Manb chus langb yangb bengb kous yueb,

服西腊会空空斗。

Fub xis las huib kongb kongb doub.

阿奶钱当莎几没,

As niet qianb dangb shax jis meib,

弄几汝乙闹埋标。

Nongb jis rub yib naos manb bous.

几没报梅勾咱内,

Jis meib baos meib gous zas niet,

埋浪纵闹纵勾。

Manb langb zongb naos zongb gout.

出写阿烫列卡则,

Chus xieb as tangb liet kas zeb,

出起几筐写几头。

Chus qib jis kuangb xieb jis toub.

做客来到你们地,空空走到你家里。
来到门外迎接起,大门设下迎接礼。
桌摆肚肠心肝肺,五花肉配酒三杯。
礼物少了不过意,贺喜我到空手的。
一个铜钱都没费,怎么好脸来见你。
没有脸色来面对,怕见众人我心虚。
求你容情放进去,容情放进堂屋里。

5.

度标钱色照陇周,

Dus bous qianb seb zhaos longb zhous,

要仆大逃照陇见。

Yaos pub das taob zhaos longb kianb.

几够告求列周斗，

Jis goud gaob qiub liet zhous dout,

阿半度标列难反。

As banb dub bous liet nanb fans.

剖陇出卡奶勾够，

Bous longb chus kas niet gous goux,

列勾酒吧陇分开。

Liet gous jiub bas longb fenb kais.

阿这列陇扛林豆，

As zheb liet longb hangb liongb dout,

林豆告求周吉研。

Liongb dous gaos qiub zhous jib yanx.

呕这剖勾扛阿剖，

Ous zhe boub goub gangb as boub,

剖娘奶骂足吉年。

Bous niangb niet mas zhus jib nianb.

补这剖服你到头，

Bus zhes boub fub nis daob toub,

你到果毕炯穷先。

Nis daob guob bib jiongb qiongb xianb.

尼奶尼纵几叟周，

Nib niet niet zongb jis soub zhout,

炯气古老浪石年。

Jiongb qib gus laob langb shid nianb.

主人说到这里止，少讲几句放开言。
歌唱对答要放手，主人面上要耐烦。
走路一天这么久，过山过坳到此来。
桌子摆的三杯酒，要把酒礼来分开。
一碗要来敬林豆，大祖在上保福全。
二碗要送祖宗来，保发保旺保安然。
三碗吃了增福寿，增福增寿坐千年。
是众是人都保佑，安康吉利坐凡间。

6.

几要呕奶勾照陇，

Jis yaob ous niet gous zhaos longb，

周斗剖闹浪图猛。

Zhous doub boub naos langb tub mengb.

几要浪莎拿呕奶，

Jis yaob langb shax nas ous niet，

周斗吉上休几北。

Zhous doub jib shangb xous jid baib.

放下两句这歌词，收歌礼桌要撤去。

歌言唱到这里止，收歌我进屋里头。

7.

能尼保兰嘎埋昂，

Nengb nis baos lanb gas manb ghax，

出卡埋让足江起。

Chus kab manb rangb zhus jiangb qib.

急急忙忙搞阿大，

Jis jis mangb mangb gaos as dab，

阿大从从足吃亏。

As dab congb congb zhus chis kuib.

那要苟浪苟要牙，

Nas yaob gous langb gous yaos yab，

桶酒特列莎拢最。

Tongb jiou teb liet shas longb zuis.

吉吾子羊没阿吧，

Jib wub zis yangb meib as bas，

摆照弄拔西腊配。

Bans zhaob nongb pas xis lab pib.

爆竹也买得一挂，

Paos zhus yeb mans deb yis guab，

几个少头没阿起。

Jis geb shaob toub meib as qib.

共白扛内不值价，

Gongb bais gangb niet bub zhis jias,

人大生蠢每得力。

Renb das shenb chenb meib des lib.

求补大为告吉腊，

Qius bub dab weib gaos jib las,

白袍吉江闹加锐。

Bais paob jib jiangb naos jiax ruid.

草闹吉江闹棒便，

Caos naob jib jiangs naos bangt bias,

几安抓包阿交几。

Jis nab zhas baod as jiaos jib.

一阵狂风片嘎岔，

Yis zhenb kuangb fongb pianb gas casb,

子羊吹散如鸟飞。

Zis yangb cuis suanb rub niaos feib.

片够几斗窝得岔，

Pians goud jib doub aos des cab,

用闹帮苟同录最。

Yongb naos bangb gous tongb lus zuib.

求冬比补歇一下，

Qiub dongb bib bus xieb yis xiab,

打席吉难炯休息。

Dab xib jib nans jiongb xious xib.

服烟炮头豆吉瓦，

Fub yuanb paos toub doub jib was,

半路失火莎窝齐。

Bans lub sid huos shab aos qib.

高那高苟炯吉踏，

Gaos nab gaos gous jiongb jib tas,

麻让尖尖发脾气。

Mas rangb jianb jianb fas pib qib.

喂叉卜，错了索兴莫讲话，

Weib cab pus, cuos leb suod xinb mos jiangb huas,

吉踏苟出阿种儿。

Jib tas gous chus as zhongb jis.

内浪椎牛敬祖神，

Niet langb zhuis niud jub zhus shengb,

只有前进不可退。

Zhis youb qianb jins bub keb tib.

阿瓦弄叉！见空空如也出内卡，

As wb nongb cas! jianb kongb kongb rub yeb chus niet kas,

出卡腊苟欧奶锤。

Chus kab las gous ous niet cuib.

拢单扳竹埋当他，

Longb danb bans zhus manb dangb tas,

莫想肉味进口吃。

Mos xiangb roub weib jinb kous chis.

好事报我到家里，做客我们心中美。

急急忙忙搞一会，清早不亮把床起。

房族哥兄和姊妹，叔爷伯子都来齐。

又送钱来又送米，摆在那里成一堆。

爆竹也买得一起，包做一封大大的。

抬有糍粑在筐内，人大生蠢没有力。

上坡滑倒滚下地，糍粑滚下草丛里。

滚下悬崖捡不回，不知滚到哪里去。

一阵狂风又来吹，纸币吹散如鸟飞。

被风吹得远远去，飞过山坡无消息。

上登坡头坐歇气，大家商议坐休息。

吃烟炸着礼炮毁，半路失火烧完的。

一帮无能的兄弟，年轻统统发脾气。

我才讲，错了都要莫生气，相争相吵有何为。

主家好事这一回，只有前进不可退。

这一次啊！空空如也到这里，做客只拿一张嘴。

自己想来不过意，莫想肉味进口吃。

三、堂屋跳鼓主人唱的歌

1.

请舅娘开鼓的歌
Qingb jious niangb kais gub des guob

读拢列充埋内卡，
Dub longb liet congb manb niet kas,
列然内卡候读拢。
Liet ras niet kas hous dub longb.
闹热堂拢达然然，
Naos reb tangb longb dab ras ras,
比排照告拢几朋。
Bis pais zhaob gaos longb jis pongb.
发才发喜到林嘎，
Fas cais fas xis daob liongb gas,
出斗出他令猛冬。
Chus doub chus tab liongb mengb dongb.

打鼓要请客人到，要请客人来跳鼓。
要把鼓堂搞热闹，四方八面都欢乐。
发财发喜大财到，荣华富贵发得多。

2.

舅娘开鼓的歌
Jius niangb kais gub des guob

奈牙开拢开上上，
Nanx yas kais longb kais shangb shangb,
跟刀达吾勾拢豆。
Genb daos dab wub gous longb dout.
发才发喜令出忙，
Dfas caib fas xib liongb chus mangb,

得恩嘎格少拢首。
Des ghenb gas gheit shaob longb soud.
福如东海发白邦，
Fub rub dongb hais fab bais bangx，
寿比南山炯到头。
Soud bib nanb shuanb jiongb daox toub.

请妹开鼓妹便开，马上就来打鼓手。
发财发喜发得快，黄金白银来得有。
福如东海发大财，寿比南山坐得久。

3.

排竹吉哈巴谷卡，
Pais zhus jib has bas gub kas，
竹纵吉哈谷卡乖。
Zus zongb jib gus kas guanb.
捕吾吉标单够岔，
Pus wut jib boud danb gous cab，
痛潮吉标单够色。
Tongb chaob jib boud danb gous seb.
阿迷无法叉候爬，
As mib wub fas cab hous pax，
几朴叉哈没陇尼。

大门挂那蜘蛛面，小门挂那蜘蛛黄。
水桶家中出菌怪，米桶缸内怪菌长。
阿爸无法许猪愿，商议才求祖神挡。

4.

单约窝昂多不利，
Danb yob aos ghax duos bub lib，
家下不吉汉久偷。
Jias xias bu jib hais jius toub.

合家大小坐商议，
Heb jias dab xiaos zuos sangb yis，
自尼棍尼吉关否。
Zis nib ghunb nis jib guanb woub.
保秋保兰最的的，
Baos quit baos lanb zuis des des，
阿奶吉候够阿够。
As niet jib hous goud as goub.

过来一段多不利，家下不吉灾难有。
合家大小坐商议，就是福神来到此。
亲戚朋友来聚会，一人帮助唱一首。

5.

大嘎报就拢服楼，
Das gab baos jiud longb fub lous，
达爬报拢猛能得。
Dab pas baob longb mengb nengb des.
几卜叉见梅拢求，
Jis pub cab jianb meib longb qius，
吉板叉求梅拢尼。
Jib bans cab qiub meib longb nib.

母鸡进窝来啄蛋，猪娘送拦吃猪崽。
商量才要跳鼓来，这样才把神鼓赶。

6.

得矮吉标单够岔，
Des anb jib bous danb gous cab，
得痛吉标单够滚。
Des tongb jib bous danb gous ghenb.
几卜叉抱梅拢抓，
Jis pub cas baob meix longb zhas，

吉板叉求梅拢恩。

Jib bans cab qiub meib longb ghenb.

土罐家中长怪菌，木桶黄菌长出来。
商量才把大祖敬，商议才跳鼓来赶。

7.

巴代勾约就伞送，

bas daib gous yaob jiud sanb songb,

林借打绒领酒斩。

Liongs jieb dab rongb lingb jius zais.

候剖读陇达文文，

Houd boud dub longb dab wenb wenb,

比洽便告候吉研。

Bib qias bias gaob hous jib yanx.

扛剖度标亚出林，

Gangb bous dub boux yas chus liongb,

出斗出大剖浪板。

Chus doub chus dab bous langb bans.

埋浪浓纵不汝吽，

Manb langb nongb zongb bus rub hongb,

汝几单告得然久。

Rub jis danb gaob des rax jiux.

巴代送了九呈祭，林借天堂饮供酒。
大家都帮跳鼓会，四方五面帮欢游。
送我主家得富裕，发达兴旺在于此。
记住你们的情义，好情记住到永久。

九呈：九碗敬神的酒。

8.

剖乜吉标几能列，

Bous pous jib bous jid nengb liet,

内骂到孟溜溜浓。

Niet mas daox mengb lius lius nongb.

商量达起许林且，

Sangb liangb dab qib xus liongb qies,

汝孟叉然林且拢。

Rub mengb cas ras liongb qieb longb.

家中无有求人借，

Jias zhongb wub yous qiub renb jieb,

不得不乙达起能。

Bus deb bub yus dab qib nengb.

保秋保兰比便这，

Baos qiub baos lannb bis bias zheb,

到埋钱当久阿充。

Daob manb qianb dangb jius as congb.

家中有人得了病，家下爷娘患病了。
商量才把大祖敬，康复才敬祖神了。
家中无有借求人，不得不以才来搞。
报了亲戚朋友信，你们花费了不少。

9.

尼总抱齐久牙鸦，

Nis zongb baos qib jius yas yab,

度标抱板亚单埋。

Dus boub baos bans yas danb manb.

坐在家中想鼓打，

Zuos zaib jias zhongb xiangb gus dab,

心爱打鼓做客来。

Xingb ais dab gub zuos keb lais.

得牙兵门把鼓沙，

Des yab bingb mengb bas gub shax,

一十八艺学周全。

Yus shid bab yux xieb zhous qianb.

候抱苟扛棍草茶，

Hous baos goub gangb ghenb chaos chas,
候堂打便送纠散。
Hous tangb dab bias songb jiud sanb.
茶尼达吾毕得嘎，
Cab nib dab wub bib des gax，
赐下贵子进门来。
Cis xias guib zis jinb menb lais.

是人都把鼓来打，主家打过到客来。
坐在家中想鼓打，心爱打鼓做客来。
姑娘出来把鼓耍，一十八般艺学全。
帮打要送灾脱下，帮跳要送灾脱完。
神一送走贵子发，赐下贵子进门来。

10.
棍尼候常见大虐，
Ghenb nix hous changb jeans dab niut,
达吾苟尼自拢产。
Dab wut gous nix zis longb cans.
林豆常猛周服户，
Liongb dout changb mengb zhous fub fut,
林且到尼周吉年。
Liongb qied daob nid zhous jib nians.
靠埋窝兰奉承汝，
Kaos manb aos lanb fongb chenb rub,
友情义重深如海。
Yous qinb yis zhongb sengb rub hais.
浓总弄几毕娘汝，
Mongb zongb mongb jis bib niangb rub,
放在心里万千年。
Fangb zais xinb lis wanb qianb nianb.

神愿许了成多日，马上就把牛椎来。

祖神回家笑呵呵，福神来到笑颜开。
亲戚朋友奉承有，友情义重深如海。
情义难还记心头，放在心里万千年。

11.

抱拢舞良阿偶潮，
Baos longb wux liangb as ous chaob，
必求狮子拢游穷。
Bis qiub shid zis longb youb qiongb.
得葵舞拢良崩豆，
Des kuib wub longb langb bengb dous，
度标内卡吉克蒙。
Dus boub niet kas jib keb mengb.
尼总尼内莎照寿，
Nis zongb nis niet shax zhaos soub，
尼总几捕拔仙绒。
Nis zhongb jis pub pas xianb rongb.

打鼓舞如龙腾扬，好像狮子舞游城。
姑娘鼓舞如花开，大众看呆望你们。
众人大家都赞叹，好看比过仙女身。

12.

比奶比休得欧穷，
Bis niet bid xius des oub qiongb，
比图比久拢欧乖。
Bis tub bib jiud longb ous guanb.
否拢欧乖嘎养同，
Woub longb ous guanb gas yangb dongx，
否拢欧同大老爷。
Wous longb ous tongb dab laos yeb.

四个舅表穿红衣，四人四位大官客。
穿着官服显大气，他们活像大老爷。

13.

度尼吉标浪得牙，

Dub nis jib bous langb des yab,

肚爬打奶浪苟梅。

Dub pas dab niet langb gous meib.

扛埋闹拢出内卡，

Gangb manb naos longb chus niet kas,

尼浓应该难阿特。

Nis nongb yingb gans nanb as toub.

拢单堂内苟萨岔，

Longb danb tangb niet gous seax casb,

列够列除扛棍尼。

Lieb gous liet chus gangb ghenb nis.

东家户主的小妹，户主本人的小姐。

你们到此做客聚，若是男儿要请客。

来到这里把歌对，要唱要舞才可以。

14.

娘尼当蒙够萨袍，

Niangb nix dangb mengb gous seax paob,

好话要等贵人言。

Haos huab yaob dengx guis renb yuanb.

吾恩白常昂儿到，

Wub ghenb bais changb ghax jis daob,

吾格白闹没迷产。

Wut geib bais naob meib mix chans.

到恩扛拔大吼报，

Daos ghenb gangb pas dax hous baob,

少堂窝他几白埋。

Shaob tangb aos tab jis baib manx.

图得窝他配窝报，

Tus des aos tab peib aos baox,

靠公不照报常兰。

Kaos gongb bub zhaob baos changb lans.

跳鼓等你把歌说，好话要等贵人言。
横财进门有好多，金子到家有几千。
得银送你几副镯，要打金戒送你戴。
戴那戒指配手镯，项圈挂戴在胸前。

四、堂屋跳鼓客人唱的歌

1.

得豆土猛得豆内，

Des doub tub mongb des dous niet，

吉油度标寿急记。

Jib yous dub boux soub jid jib.

陇通豆陇周达热，

Longb tongx doub longb zhous dab reb，

吉研洞到没陇水。

Jis yans dongb daox meib longb shuix.

牵手拖来小手软，跟上主人急急走。
来到鼓边笑颜开，喜欢得这鼓陪手。

2.

便排浪兰几舞闹，

Bias paib langb lans jid wub naos，

照告浪秋几最单。

Zhaos gaob langb qiux jid zuis danb.

内拢内没酒格照，

Niet longb niet meib jius gheib zhaos，

内闹内没酒格板。

Niet naos niet meib jius geib bans.

五方亲戚都来临，六路朋友到齐来。
亲戚他有喜酒斟，舅爷他有甜酒摆。

3.

斗你比纵干干克，

Dous nib bib zongb gans ganb keb，

斗炯夯补几兵埋。

Dous jiongb hangb bub jis bingt manb.

几没忙召埋者喂，

Jis meib mangb zhaob manb zhes weib，

者喂拢送埋浪棉。

Zhes weib longb songb manb langb jinb.

抓报窝中娘欧奶，

Zhas baob aos zhongb niangb ous niet，

录底抓报板斗免。

Lus deib zhas baob bans doub mianb.

难到几奶吉候喂，

Nans daob jis niet jib hous weix，

吉候喂扛恩窝产。

Jib hous weib gangx ghenb aos chans.

我在一旁悄悄看，坐在一边看鼓排。
不觉便被你们喊，喊我来到跳鼓台。
掉到人熊的木栏，豆儿掉到猴手板。
没有人来解苦难，能解我送银几千。

4.

难总打为自拢捕，

Nanb zongb dab weix zis longb pub，

度标达中休几棍。

Dus boud dax zhongb xius jid ghuenb.

五的到章弄几出，

Wub des daob zhangb nongb jis chus，

想照汉拢喂王分。

Xiangb zhaob hais longb weib wangb fengb.

六郎够照城台府，

Lius liangb gous zhaob chengb tais fub，

够照背苟麻善绒。

Gous zhaob beib gous mas shanb rongb.

拢抱几水害喂久，

Longb baos jid shuib hais weix jiut，

尼总克咱内谈冬。

Nix zongb keb zas niet tais dongb.

众人一齐就来了，主家马上打中成。

突然有事怎么搞，想到这些我忘昏。

六郎困在城台倒，困在高陡大山林。

不会打鼓害我了，众人当面羞死人。

5.

锐喂埋扛呕得豆，

Ruis weib manb gangb ous des dout，

冲照告斗起莎崩。

Chongb zhaos gaos dout qib shab bengb.

陇单豆陇奶楼楼，

Longb dais doub longb niet lous loub，

朋怕几到告得猛。

Pongb pas jid daob gaos des mengb.

度标嘎哄留打豆，

Dus bous gas hongb lius dab doux，

排竹浪浓见喊陇。

Pais zhus langb nongb jianb hais longx.

拖我你送两鼓槌，拿在手中吓不敢。

来到鼓边软无力，想逃没得地方钻。

主人狠劲来包围，围在门边似竹排。

6.

拢单埋扛欧得豆，

Longb dans manb gangx ous des doux，

扛汉把豆浓江江。

Gangb hais bas doux nongb jiangx jiangx.

冲到单斗窝起受，

Chongb daob danb doux aos qib soub，

来到鼓边不敢胖。

Lais daob gub bians bub ganx pangb.

最总白标袍周周，

Zuis zongb bais bous paos zhoub zhous，

莎尼角色洞萨莽。

Shad nib jiaos sex dongb seax mangb.

心惊胆战怕出头，

Xinvb jings danb zhanb pas chub tous，

巴葡斗你埋几让。

Bas pub dous nib manb jis rangx.

到边你送鼓槌子，送这鼓槌重得很。

拿在手中心打抖，来到鼓边不敢抢。

齐人大众多得有，都是角色听歌云。

心惊胆战怕出头，搞坏名誉在你村。

7.

将萨尼固度标起，

Jiangb seax nix gub dus bous qib，

度标够板叉单剖。

Dus boub gous bans cas danb bout.

拢尼抱挂屋檐水，

Longb nib baos guab wub yuanx shuib，

篓闹海口不回头。

Lous naos hais koud bub huix toub.

抱求西方塞路鬼，

Baos qiub xib fangb shanb lus guix，
抱求南方赶鬼收。
Baos qiub nanb fangs gans guix shoub.
打东打北拢财喜，
Dab dongx bas baib longb caib xis，
见嘎白常见如柔。
Jeans gas baib changb jianb rub roub.
王记岔内拢封举，
Wangx jis cas niet longb fongb jib，
荣华富贵坐登头。
Rongb fas fub guis zuob denb toub.

歌唱要从主家起，主家唱过我接口。
鼓打打过屋檐水，流去海口不回头。
打去西方塞路鬼，打去南方赶鬼走。
打东打北来财喜，财喜涌送家里头。
皇上派人来封举，荣华富贵坐登头。

8.

娘尼保兰出内卡，
Niangb nix baos langb chus niet kax，
娘爬扛剖共阿苟。
Niangb pab gangx boud gongb as goub.
锐剖拢抱埋陇抓，
Ruis boub longb baos manb longx zhas，
几见关堂欧大斗。
Jis jianb guanb tangb ous dab doub.
打鼓要讲几句话，
Dab gub yaos jiangb jis jub huas，
萨袍留言照拢周。
Seax paos liub yuanb zhaos longb zhous.
候抱大豆发大吧，
Hous baos dab doub fax dab bab，

候言大逃发大斗。
Hous yuanb dab taox fas dab doub.
财喜白常闹冬腊，
Cais xib bais changb naos dongb lax，
发财常闹埋吉标。
Fab cais changb naos manb jib boux.

椎牛我们喜贺大，祭祀我抬一腿走。
你扯我们把鼓把，不会也来打几手。
打鼓要讲几句话，歌唱留言实在有。
打几槌几百来发，言说几句发几斗。
财喜涌进你们家，发财你家富贵久。

9.

娘尼保兰出内卡，
Niangb nix baos lanb chus niet kax，
娘爬保剖架酒江。
Niangb pas baox boub jias jioub jiangb.
几没保剖抱陇抓，
Jis meib baos bous baos longb zhas，
度标达吾难剖刚。
Dus boub dax wub nans boub gangx.
几水抱陇费力达，
Jis shuib baos longb feib lis dab，
拢抱几见害喂养。
Lings baox jis jianb hais weib yangx.
到喂阿修内扒扒，
Daos weib as xious niet pas pas，
无能几到萨休刚。
Wub nenb jis daob seax xiub gangb.

椎牛报客我来做，祭祀报我喝酒甜。
没有报我来打鼓，主家突然把我喊。

不会打鼓费力舞，来打不像把我难。
一身软弱无力做，无能没得好歌言。

10.

锐剖陇包埋陇图，
Ruis boub longb baos manb longb tus，
锐牙陇包叫斗几。
Ruis yas longb baos jiaos doub jix.
比奶奈出乙奶布，
Bis niet nanb chub yus niet bub，
八字齐崩扛蒙毕。
Bas zis qib bengt gangb mengb bix.

拖我来打鼓皮厚，拽我来打鼓皮牛。
四人叫出八名字，八字提开问情由。

11.

锐牙陇包叫斗油，
Ruis yas longb baos jiaos doub youx，
锐拔陇堂叫斗尼。
Ruis pas longb tangx jiaos doub nix.
四大天王埋安久，
Sid dab tianb wangx manb ans jiut，
比奶元帅布几奶。
Bis niet yuanb suanb bus jid niet.
内加几穷列蒙扑，
Niet jias jid qiangb liet mengb bux，
蒙安蒙叉勾包内。
Mengb ans mengb cas gous baos niet.

拖姐来打鼓牛皮，拽妹来打牛皮鼓。
四大天王你知的，四个元帅某名呼。
呆人无知要你提，报知众人送清楚。

12.

阿豆豆闹冬兰海，

As doub dous naos dongb lanx hais，

欧豆包闹胡光冬。

Ous doub baos naos hub guangx dongt.

勾扛棍尼长几单，

Gous gangb ghuenb nix changb jid dans，

长求几单闹剖纵。

Changb qius jid danb naos boub zongd.

一槌打下东南海，二槌打去湖广边。

要送瘟神回不转，回转不到我村来。

13.

棍尼包猛麻够得，

Ghuenb nix baos mengb mas goud des，

干格包闹冬兰喊。

Gans gheib baos naob dongb lanx hais.

棍空拿见几到列，

Ghenb kongb nas jianx jis daob liet，

达照夏坛吉关关。

Das zhaob xiaos tuanb jib guans guanb.

高兄穷梅拿见梅，

Gaos xiongb qiongb meib nas jianb meix，

干格梅闹强勾先。

Gans geib meib naos qiangb gous xianb.

瘟神打到远方地，赶忙打下东南海。

没有饭吃断了气，死在下坛干瞪眼。

竹栿铜铃卖出去，赶快卖去大兴寨。

14.

锐剖包陇阿浪忙，

Ruis boub baos longb as langb mangb,

陇单洋抓洽咱埋。

Longb dans yangb zhuas qiab zas manb.

翁埋度标汝告江，

Wenb manb dus boub rub gaos jiangx,

贵姓名有莎出来。

Guis xingb mingb yous shax chus laib.

阿谷乙标有好航，

As gub yib bous yous hoax hangb,

炯谷呕勾没头难。

Jiongb gus oud goub meib tous nanb.

出崩洽剖奈儿娘，

Chus bengb qias bous nanb jis niangx,

将浓嘎丢拔浪连。

Jiangb npongb gas dioub pas langb lianx.

拖我打鼓半夜后，来到鼓边怕来耍。
主家歌手才能厚，贵名有姓唱歌发。
十八反王好名字，七十二路出头打。
败歌我们不好受，劝你不要把理拿。

15.

锐剖包陇阿狼忙，

Ruis boub baos longb as langx mangb,

陇单洋抓洽青埋。

Longb dans yangb zhas qias qingb manb.

照奶那勾儿柔塘，

Zhaos niet na sgoud jis roub tangb,

达炯莎洽达狗见。

Das jiongb shax qias dab gous jianx.

牙勾出记郎挡娘，

Yas goud chus jib langb dangb niangx.

单枪匹马拨不开。

Danb qiangb pis ma spas bub kais.

吉克便内天没亮，

Jib kes bias niet tianb meib liangx,

思想尼岔奶勾斩。

Sid xiangb nix casb niet gous zhanb.

拖我打鼓半夜上，来到鼓边怕你们。

六个弟兄齐打棒，老虎也怕狗欺人。

姐妹如何来抵挡，单枪匹马拨不分。

容情我等到天亮，思想要找路逃奔。

16.

锐剖陇包埋陇朋，

Ruios bous longb baos manb longb pongx,

锐牙陇包叫斗忙。

Ruis yab longb baos jiaox dous mangb.

斗最无才问子共，

Dous zuis wub cais wenb zis gongb,

夫子知意是帮烫。

Fus zis zhis yis shid bangb tangx.

出莎如同高陇朋，

Chus shax rub tongb gaos longb pongb,

莎休毕求告柔帮。

Shax xiub bib qius gaos roub bangb.

几青蒙浪闹告共，

Jis qingb mengb langb naos gaos gongb,

将照比干洽吉江。

Jiangb zhaos bis ganb qias jib jiangx.

拖我来打鼓皮中，拽妹来打牛皮沓。

斗最无才问子共，夫子知意是帮他。

唱歌如同鼓声重，歌唱好像岩头打。
你们这等没有用，推去崖头又怕垮。

17.
几够单哟阿狼忙，
Jis goud danb yos as liangb mangb，
吉拿没久二三公。
Jib nas meib jius ers sanb gongb.
剖号松成几通拿，
Bous haos songb chengb jis tongb nas，
内加告求洽咱蒙。
Niet jias gaox qius qias zas mengb.
他陇朴昂埋列扛，
Tas longb bus ghangb manb liet gangb，
扛照喂浪告起蒙。
Gangb zhaos wuis langb gaos qib mengb.

歌唱到了半夜正，估计会有二更天。
我们呆蠢生得笨，呆人讨怨怕你烦。
邀个会期求你应，送在我的心中间。

18.
几够走拔汝卡弄，
Jis goud zous pas rub kas snongb，
卡弄巴鸟江汝求。
Kas nongb baos niaos jiangx rus qiub.
天生国色果汝咔，
Tiangb shenb guos sed guos rub hongb，
人材松汝桃花某。
Renb cais songb rub taos huab moux.
咱剖陇单久扛炯，
Zas boub longb danb jius gangb jiongb，
吉卡排排吉冲斗。

Jib kas pais pais jib congb dous.

夫剖列莎潮中中,

Fus boub liet shax chaos zhongb zhongb,

达尼久毕列几搂。

Das nix jius bib liet jis loud.

歌唱逢妹好嘴才, 好个嘴巴很甜口。

天生国色惹人爱, 面带桃花好样子。

我们见了很喜爱, 站做一排手牵手。

和我要歌催快快, 若是不答不放走。

五、堂屋跳鼓风流歌

1.

他陇堂尼走奶拔,

Tas longb tangb nis zous niet pas,

走汝达久拔没才。

Zous rub dab jius pas meib caib.

走牙扛剖吉格咱,

Zous yas gangb bous jib geib zas,

扛浓同写见风片。

Gangb nongb tongb xies jianb fengb pianb.

尼奶格干莎拿阿,

Nis niet geib gans shax nab as.

同白叉良果完完。

Tongb bais cab liangb guos wanb wanb.

想冬陇埋勾莎叉,

Xiangb dongb longb manb gous shax cab,

安埋告求愿几愿。

Anb manb gaos qiux yuanb jis yuanb.

今夜鼓场得见面, 得见几个好姑娘。

遇着妹子让我见, 如风爽快热心肠。

是人见了都喜爱，如雪才下白晃晃。
想和你们把歌探，不知你们赏不赏？

2.

走拔列陇够大逃，

Zous pas liet longb gous dab taox,

列够大逃起叉满。

Liet gous dab taob qus cab manb.

咱埋剖江他几到，

Za manb bous jiangb tas jid aox,

扛浓同写见风片。

Gangb nongb tongb xied jiangb fengb pians.

剖埋几哭卡吉桥，

Bous manb jib kus kas jib qiaos,

卡忙吉桥扛奶安。

Kas mangb jib qiaos gangx niet ans.

没奶喂列当蒙勾标报，

Meis niet weis lieb dangb mengb gous boux baos,

列当蒙出拔秋先。

Liet dangb mengb chus pas qiub xianb.

遇着姑娘唱几句，要唱几句心才安。
见了你们我心醉，我们心内起波澜。
相亲相爱莫生气，不要生气让人烦。
有日我要娶你到家内，要娶你做新人来。

3.

出莎堂尼喂关除，

Chus shax tangb nix weib guanb chus,

安同奶洞比几没。

Ans tongb niet dongb bib jis meix.

得拔相蒙郎松汝，

Des pas xiangb mengb langb songb rub,

扛剖起阿汉比奶格。

Gangb bous qis as hais bib niet geix.

吉忙几奶纵想录，

Jib mangb jis niet zongb xiangb luis,

包猛忙叫莎几乖。

Baos mengb mangb jiaos shax jis guanb.

他陇龙埋吉扑度，

Tas longb longb manb jib pux dub,

你要送那真话讲真情。

Nis yaos songb nas zhengb huas jiangb zhengb qingb.

鼓场之中我要唱，不知你们听没听。

妹子生得好模样，让我看在眼爱在心。

日日夜夜把你想，夜里睡觉不安宁。

今日和你谈对象，你要送那真话讲真情。

4.

几够单久阿郎忙，

Jis goub danb jius as langx mangb,

吉除单哟昂几怕。

Jis chus danb yos ghangx jis pab.

咱蒙奈江奈几娘，

Zas mengb nanb jiangb nanb jis jiangb,

纵想纵排纵几查。

Zongb xiangb zongb pais zongb jis cab.

夫埋吉柔埋列扛，

Fub manb jib roub manb lies gangx,

告虐尼扑阿奶阿。

Gaos niet nix pus as niet as.

陇单告图勾舍将，

Longb danb gaos tub gous soub jiangx,

埋浪浓纵不汝几。

Manb langb nongb zongb bus rub jis.

歌唱到了半夜上，歌唱到了分别时。
爱你牵挂在心肠，紧想紧念不能丢。
和你相求你要让，相约相会在某日。
到了那里把草放，你的情重记不丢。

5.

巴秋高来麻松汝，

Bas qiub gaos laix mas songb rub,

亚松汝浪亚松配。

Yas songb rub langb yas songb pib.

元台嘴马水扑度，

Yuanb taid zuis mas shuid pub dux,

扑汝拿求拿塘迷。

Bus rub nas qiux nas tangx mib.

同滚飘摇弄召度，

Tongb guenb piaos yuanb nongb zhaos dub,

扛剖格干莎加你。

Gangd boub geb gans shax jias nib.

告起纵想陇蒙汝，

Gaos qib zongb xiangb longb mengb rub,

安洞配到比几配。

Ans dongb pix daob bib jis pix.

妹子老表生得美，又生美来又生乖。
言谈嘴巴好情义，话讲如盐如蜜甜。
好像天空云彩丽，让我喜爱在心间。
心想和你配成对，不知配来配不来。

6.

得那松汝单同同，

Des nab songb rub danb tongb tongb，

亚单同同单水水。

Yas danb tongb tongb danb shuid shuib.

几空蒙见喂浪崩，

Jis kongb mengd jianb weib langb bengb，

几空蒙尼喂浪乙。

Jis kongb mengb nib weis langb yux.

哥哥生得帅又高，又帅又高生得直。

但愿你成我相好，但愿相好到白头。

六、敬神茶酒的歌

1.

窝炯背高埋单忙，

Aos jiongb beib gaos manb danb mangb，

告柔内西叉拢单。

Gaos roub niet xis cas longb danb.

林斗当埋当几娘，

Liongb dous dangb manb dangb jis niangb，

林且莎都列单干。

Liongb qies shab doub liet danb ganx.

舅爷夜才到这里，下午之时才到边。

林斗等你等不起，林且也都等你来。

2.

剖候窝炯窝酒鸡，

Bous houd aos jiongb aos jiub jix，

补这汝鸡浓腊浓。

Bus zhes rub jis nongb las nongb.

服抽抱怪扛豆比，
Fub chous baos guanb gangb dous bix,
度标弟约巴炯梦。
Dus boub dib yod bas jiongb mongx.

我帮舅爷敬茶酒，三碗茶酒浓也浓。
吃醉打怪破了头，主人好病又不痛。

七、拦门接客歌

1.

主人唱
Zhus renb changb

窝炯拢单拿弄忙，
Aos jiongb longb dans nas nongb mangx,
阿内水水叉拢单。
As niet shuid shuid cab longb dans.
林豆当埋当几娘，
Liongb dout dangb manb dangb jis niangx,
林且杀都列旦干。
Liongb qieb shas dout liet danb gans.

舅爷下午才拢来，一天到头才拢边。
林豆等你等不烦，林且差点要冒烟。

2.

窝炯拢单苟萨内
Aos jiongb longb danb gous seax niet
内埋阿逃度公基。
Niet manb as taox dub gongb jis.
昂善酒江没补这，
Ghangb shuanb jius jiangx meib bus zhes,

埋苟窝求候抱鬼？
Manb gous aos qiub hous baos guix?

舅爷到边问你言，问你一句话根基。
肝肉甜酒有三碗，你用什么来打鬼？

3.

客人唱
Kes renb changb

窝炯拢从见旦忙，
Aos jiongb longb congb jianb danb mangx，
卜忙达起尼内西。
Pus mangb dab qis nib niet xis.
拢旦打为苟酒扛，
Longb danb das weib gous jiux gangb，
补这酒江平剖水。
Bus zhes jiub jiangb pingb bous shuib.

舅爷来早到家夜，讲夜又才到下午。
到边马上用酒接，三碗甜酒平我喝。

4.

拢旦板竹埋自当，
Longb danb bans zhus manb zis dangb，
补这酒江苟竹拦。
Bus zhes jiub jiangb gous zhus lanb.
服约埋标令上上，
Fub yos manb bous liongb shangb shangb，
剖候抱怪干子产。
Bous houd baos guanb gans zis canb.

来到门边就迎接，三碗甜酒把门拦。
吃了你家富贵得，我把打怪梭镖铲。

八、开鼓歌

1.

开鼓的人唱
Kais gub des renb changb

阿豆抱棍苟扛达，
As doub baos ghenb gous gangb dax，
欧豆抱棍扛豆比。
Ous doub baos ghenb gangb dous bix.
几斗棍尼常拢岔，
Jis doub ghenb nib changb longb cas，
都标宽松几冬你。
Dus boub kuanb songb jis dongb nix.

一槌把鬼送它死，两槌打鬼送破头。
没有牛鬼再来走，主家宽心坐千秋。

2.

阿豆抱闹东南海，
As doub baos naos dongb nans hais，
欧豆抱闹冬广西。
Ous doub baos naos dongb guangx xis.
抱扛棍尼常几单，
Baos gangb ghenb nib changb jis danb，
常求几旦几冬你。
Changb qius jid danb jis dongb nib.

一槌打去东南海，两槌打去到广西。
打送牛鬼回不转，它回不转我这里。

3.

旁唱
Pangb changb

阿奶牙弄足抓绒,
As niet yas nongb zhus zhas rongb,
阿豆抱怪莎豆比。
As doub baos guanb shax doub bib.
几斗棍尼常拢梦,
Jis doub ghenb nix changb longb mengb,
弄羊度标炯茶起。
Nongb yangb dub bous jiongb cab qib.

这个妹子力气大,一槌打怪破了头。
没有牛鬼再来家,这样主家心无忧。

4.

抱怪抱挂追竹差,
Baos guanb baos guax zuis zus chas,
几列抱嘎冬广东。
Jis liet baos gas dongb guangb dongx.
阿豆抱汝欧豆加,
As doub baos rub ous doub jias,
内卜喂标抱告阿。
Niet pus weib boud baos gaob as.
阿腊巧起内告拔,
As las qiaos qib niet gaos pas,
列岔凶手叉难蒙。
Liet cas xiongb shoud chas nanb mengb.

打怪打去门外头,不要打去到广东。
一槌打好两槌走,人讲我打鬼朦胧。
一些心坏是非有,要找凶手才难从。

九、跳鼓歌

1.

男唱
Nans changb

巴代苟约纠伞送,
Bas dais goud yob jius sanb songb,
送挂纠伞嘎苟娄。
Songb guas jiud sanb gas gous lous,
者拔读拢儿达浓,
Zhes pas dub longb jis das nongb,
告蒙吉追将声友。
Gaos mengb jis zuis jiangb shongb yout.
林豆吉年周红红,
Liongb dout jib nianb zhous hongb hongb,
林且儿叟吉年周。
Liongb qieb jis soub jib niand zhous.
将喂龙拔苟声朋,
Jiangb weib longb pas gous shongb pongx,
够扛棍尼常猛苟。
Gous gangb ghenb nix changb mengb gous.

巴代把了酒呈送,送过九呈去得远。
女子男子都来朋,跟你身后唱歌言。
林豆欢喜笑心中,林且欢喜乐开怀。
我要陪你把歌奉,唱送牛神不再来。

2.

纠伞送约达惹惹,
Jius sanb songb yob dab roub roub,
送扛棍尼常几单。
Songb gangb ghenb nix changb jis danb.

林豆江喂弄龙牙，

Liongb dous jiangb weib nongb longb yas，

林且腊江喂龙兰。

Liongb qies las jiangb weib longb lanx.

读拢由拔背召抓，

Dub longb yous pas beib zaos zhas，

告拔吉追出萨玩。

Gaos pas jib zuis chus seax wanb.

够扛度标善到踏，

Gous gangb dub boub shanb daob tas，

到踏宽松阿伞伞。

Daob tas kuanb songx as sans sanx.

九呈九献送走完，送去牛神回不转。

林豆要我和妹来，林且要我和妹玩。

跳鼓跟在你后面，跟你后面唱歌言。

唱送主家得平安，平安吉利到永远。

3.

读拢扛喂几配牙，

Dus longb gangb weib jis peib yas，

牙要无比汝人材。

Yas yaob wub bis rub renb caib.

人才生好果同那，

Renb cais shengb haos guob tongb nas，

头板弄浓喂浪善。

Tous bans nongb nongs weis langb shanx.

夫蒙够萨阿瓦挂，

Fub mengb gous seax as was guab，

几没现浓斗大片。

Jis meib xianb nongb dous das pianb.

跳鼓让我陪姐跳，小姐无比好人才。

人才生好大美貌，头等刺痛我心肝。
和你唱歌一回到，不要嫌我接声来。

4.

女唱

Nvs changb

洞蒙出汝窝声萨，
Dongb mengb chus rub aos shongb seax,
洞浓出汝萨忙够。
Dongb nongb chus rub seax mangb gous.
弄剖窝求足松加，
Nongb bous aos qiub zhus songb jias,
偷苟照寿尼几缪。
Tous goud zhaos soub nib jid mioux.
巴缪亚善亚几爬，
Bas mioud yas shanb yas jid pas,
教弄吉溜见欧走。
Jiaos nongb jib lius jianb ous zous.
读拢到蒙龙喂叉，
Dus longb daob mengb longb weib cab,
善你吉浪足几叟。
Shuanb nis jib langb zus jid soub.
林且林豆周哈哈，
Liongb qies longb dous zhous has has,
宽松到踏常猛寿。
Kuans songb daob tas cangb mengb sooud.

听你歌声好又大，哥哥唱得好声音。
我的面上人才差，故意夸奖是谈人。
鼻子又高又不大，嘴皮两片厚得很。
跳鼓得你跳几下，妹妹真的很宽心。
林且林豆笑哈哈，宽心转去不回身。

5.

内送纠伞挂猛久，

Niet songb jiud sanb guas mengb jiut,

棍尼送求旦打便。

Ghenb nix songb qius danb das btans.

吉难扛剖苟拢读，

Jib nans gangb bous gous longx dub,

告拔告浓会儿达。

Gaos pas gaob nongb huis jid das.

林且林豆周求求，

Liongb qiet longb dous zhous qiub qiub,

到他宽松周哈哈。

Daos tab kuanb songb zhous has has.

够扛棍尼常猛久，

Gous gangb ghenb nib changb mengb jius,

都标到他勾写茶。

Dous boub daob tas goud xicb cab.

出求出发腊达夫，

Chus qiub chus fas las dab fub,

发约再列吉早发。

Fas yob zais liet jib zaos fab.

九呈九献送走了，牛神转去上了天。

现在我们把鼓跳，男子女人跳起来。

林且林豆哈哈笑，宽心满意笑开怀。

要送牛神赐福到，主家清吉又平安。

兴旺发达不得了，发了再要发登天。

6.

读拢吉难苟萨玩，

Dus longb jib nanb gous seax wanb,

够扛棍尼汝常猛。

Gous gangb ghenb nix rub changb mengb.

动浓够萨见腊见，

Dongb nongb gous seax jianb las jianb，

亚汝人材汝萨涌。

Yas rub renb cais rub seax yongb.

报梅生好亚团圆，

Baos meib shenb haos yas tuanb yuanx，

明召比先通松工。

Mingb zhaos bib xiangb tongb songb gongb.

眉清目秀多美观，

Meib qingb mus xious duob meib guans，

尼内克干苟善兄。

Nis niet keb gans gous shax kuangb.

龙蒙吉除喂满善，

Longb mengb jib chus weib manb shuanb，

满善自尼阿瓦弄。

Manb shuanb zis nix as wab nongb.

萨忙够够常单埋，

Seax mangb gous goub changb danb manb，

旦蒙照追亚出兵。

Danb mengb zhaos zuis yas chus bongb.

跳鼓相议唱歌言，唱送牛神转回身。
听你唱歌是高才，又好人才好歌声。
脸又生好又团圆，明亮额头到满身。
眉清目秀多美观，是人见了都热心。
和你歌唱我喜欢，满心满意喜盈盈。
歌唱圆边到你来，到你在后又接声。

后记

　　笔者在本家 32 代祖传的丰厚资料的基础上，通过 50 多年来对湖南、贵州、四川、湖北、重庆等五省市及周边各地苗族巴代文化资料挖掘、搜集、整理和译注，最终完成了这套《湘西苗族民间传统文化丛书》。

　　本套丛书共 7 大类 76 本 2500 多万字及 4000 余幅仪式彩图，这在学术界可谓鸿篇巨制。如此成就的取得，除了本宗本祖、本家本人、本师本徒、本亲本眷之人力、财力、物力的投入外，还离不开政界、学术界以及其他社会各界热爱苗族文化的仁人志士的大力支持。首先，要感谢湖南省民族宗教事务委员会、湘西州政府、湘西州人大、湘西州政协、湘西州文化旅游广电局、花垣县委、花垣县民族宗教事务和旅游文化广电新闻出版局、吉首大学历史文化学院、吉首大学音乐舞蹈学院、湖南省社科联等各级领导和有关工作人员的大力支持；其次，要感谢中南大学出版社积极申报国家出版基金，使本套丛书顺利出版；再次，要感谢整套丛书的苗文录入者石国慧、石国福先生以及龙银兰、王小丽、龙春燕、石金津女士；最后，还要感谢苗族文化研究者、爱好者的大力推崇。他们的支持与鼓励，将为苗族巴代文化迈入新时代打下牢固的基础、搭建良好的平台；他们的功绩，将铭刻于苗族文化发展的里程碑，将载入史册。《湘西苗族民间传统文化丛书》会记住他们，苗族文化阵营会记住他们，苗族的文明史会记住他们，苗族的子子孙孙也会永远记住他们。

浩浩宇宙，莽莽苍穹，茫茫大地，悠悠岁月，古往今来，曾有我者，一闪而过，何失何得？我们匆匆忙忙地从苍穹走来，还将促促急急地回到碧落去，当下只不过是到人世间这个驿站小驻一下。人生虽然只是一闪而过，但我们总该为这个驿站做点什么或留点什么，瞬间的灵光，留下这一丝丝印记，那是供人们记忆的，最后还是得从容地走，而且要走得自然、安详、果断和干脆，消失得无影无踪……

编　者

2020 年 11 月

图集

古堂歌之迎宾（周建华摄）

古堂歌之拦门仪式（周建华摄）

古堂歌之主家请歌

古堂歌之正客推辞(石国鑫摄)

古堂歌之正客接歌（石国鑫摄）

古堂歌之男歌手（石国鑫摄）

古堂歌之女歌手(石国鑫摄)

古堂歌之主客对唱(石国鑫摄)

古堂歌场内发放糍粑(石国鑫摄)

古堂歌之唱陪客(周建华摄)

古堂歌之唱水口（周建华摄）

图书在版编目(CIP)数据

古堂歌／石寿贵编. —长沙：中南大学出版社，
2020.12

（湘西苗族民间传统文化丛书. 二）
ISBN 978 - 7 - 5487 - 4187 - 9

Ⅰ.①古… Ⅱ.①石… Ⅲ.①苗族－民歌－作品集－
中国－古代 Ⅳ.①I276.291.6

中国版本图书馆 CIP 数据核字(2020)第 182046 号

古堂歌
GUTANGGE

石寿贵 编

□**责任编辑** 刘 莉
□**责任印制** 易红卫
□**出版发行** 中南大学出版社
　　　　　　社址：长沙市麓山南路　　　　邮编：410083
　　　　　　发行科电话：0731 - 88876770　　传真：0731 - 88710482
□**印　　装** 湖南省众鑫印务有限公司

□**开　　本** 710 mm×1000 mm 1/16　□**印张** 17　□**字数** 396 千字　□**插页** 2
□**互联网＋图书 二维码内容** 音频 2 小时 17 分钟 38 秒
□**版　　次** 2020 年 12 月第 1 版　□2020 年 12 月第 1 次印刷
□**书　　号** ISBN 978 - 7 - 5487 - 4187 - 9
□**定　　价** 170.00 元